AI, 혁신과 규제

AI문고

인공지능 시대입니다. 기계가 인간의 인지를 대신하고, 사물이 인간을 통하지 않고 다른 사물과 직접 커뮤니케이션합니다. 이에 따른 인간 삶과 문명 변화를 정확히 이해·예측·대응하는 것은 이 시대 우리 모두의 과제입니다. AI문고는 인공지능 기술과 환경의 여러 주제를 10가지 키워드로 정리합니다. 관련 개념과 이론, 학계와 산업계의 쟁점, 우리 일상의 변화를 다룹니다. 인간과 기술의 현재, 미래를 세심히 분석합니다.

일러두기

- 인명, 작품명, 저서명, 개념어 등은 한글과 함께 괄호 안에 해당 국가의 원어를 병기했습니다.
- 외래어 표기는 현행 어문규정의 외래어표기법을 따랐습니다. 다만 '딥러닝', '딥페이크' 등은 관행을 따랐습니다.

처음이세요?

전문가세요?

AI, 혁신과 규제

양천수

대한민국, 서울, 커뮤니케이션북스, 2025

AI, 혁신과 규제

지은이 양천수
펴낸이 박영률

초판 1쇄 펴낸날 2025년 3월 28일

커뮤니케이션북스(주)
출판 등록 2007년 8월 17일 제313-2007-000166호
02880 서울시 성북구 성북로 5-11
전화(02) 7474 001, 팩스(02) 736 5047
commbooks@commbooks.com
www.commbooks.com

ISBN 979-11-7307-879-8 03500

책값은 뒤표지에 표시되어 있습니다.

차례

혁신과 위험 사이에 선 인공지능

우리는 제4차 산업 혁명 시대, 혁신의 시대를 살아간다. 오늘날 혁신의 중심에는 인공지능이 있다. 딥러닝(deep learning)이 구현된 이후 인공지능은 매번 놀라운 발전을 이어간다. 인공지능이 과연 어디까지 발전할지 예측하기 어려울 정도다.

급속하게 발전하는 인공지능은 혁신과 위험 사이에 서 있다. 혁신(innovation) 자체가 창조와 파괴를 동시에 지닌다는 점을 고려하면 이는 당연해 보인다(淸水洋, 2024). 한편으로 인공지능은 사회 혁신의 주역이 된다. 챗GPT가 보여 주듯 인공지능은 인간 존재가 할 수 있는 영역의 상당 부분에 침투하여 인간과 같은, 더 나아가 인간을 넘어서는 역량을 발휘한다. 예를 들어 이제 인공지능은 인간의 전유물로 취급되었던 창작 능력이나 자연어를 이용하는 소통 능력도 획득했다(양천수, 2021). 음악이나 미술 창작물을 만들어 낼 뿐만 아니라 자연어를 활용한 인간의 질문에 어색함 없이 답변한다. 언어적 질문에 소리나 이미지를 결합하여 답변하는 멀티모달

(multimodal) 능력도 보여 준다. 심지어 대학에서 출제하는 객관식 문제나 수능 시험 문제도 거뜬히 풀어낸다(김현경, 2024).

다른 한편으로 세상의 거의 모든 일에 빛과 그림자가 있듯 인공지능 역시 그림자를 지닌다. 인공지능 위험이 그것이다. 이러한 위험은 인공지능을 구동하는 알고리즘의 편향과 챗GPT가 보여 준 환각(hallucination), 인공지능으로 생성한 딥페이크 성폭력물 등으로 현실 문제가 되었다. 자율주행 기능을 갖춘 자동차가 오작동으로 교통사고를 일으키는 경우도 이를 예증한다. 그 때문에 인공지능이 가져올 미래를 암울한 디스토피아적 미래로 경고하는 목소리도 들린다(Harari, 2024). 유명한 소설 『빅브라더』나 SF 영화 〈터미네이터〉가 그렸던 미래가 현실이 될 수 있다고 경고한다.

이처럼 인공지능은 빛과 그림자, 밝음과 어둠 양면을 지닌다. 이 가운데 밝음을 선택해 인공지능을 관찰하면 인공지능 낙관론이, 어둠을 선택해 관찰하면 인공지능 비관론이 자리 잡는다. 두 관점은 서로 다른 방향에서 인공지능 혁신과 위험을 관찰한다.

인공지능 낙관론

인공지능 낙관론은 인공지능에 힘입어 우리 사회, 우리 인류가 지금보다 더욱 좋아질 것으로 본다. 혁신의 긍정적 측면에 주목한다. 인공지능 낙관론은 인공지능의 놀라운 계산 및 판단 능력이 인간의 불완전함을 보완해 줄 수 있다는 이해 방식에서 출발한다. 인공지능의 선구자 가운데 한 명인 사이먼(Herbert Simon)이 밝힌 제한적 합리성(bounded rationality)을 인공지능의 완전한 합리성으로 보완하면 인류는 더욱 올바른 판단을 할 수 있고 이에 힘입어 인류 사회가 한층 발전할 수 있다는 것이다. 철학의 시각에서 볼 때 이 같은 낙관론은 두 이론에서 근거를 찾는다. 공리주의와 고객주의가 그것이다(손형섭 외, 2023).

공리주의

흔히 인공지능은 혁신, 성장을 위한 핵심 동력으로 언급된다. 거의 모든 시장이 경쟁이 치열한 '레드 오션(red ocean)'으로 치닫는 오늘날의 상황에서는 혁신이야말로 경쟁에서 승리할 수 있는, 또는 '블루 오션(blue ocean)'을 창출하는 방안으로 인정된다. 혁신으로 남이 넘볼 수 없는 차이를 만들어 가는 것이야말로 경쟁력의 원천이

된다고 보기 때문이다(Porter, 1985). 따라서 혁신을 구현하면 경쟁에서 이길 수 있고 경제적 이익을 극대화할 수 있다. 이는 궁극적으로는 사회 전체의 경제 성장으로 연결된다. 이때 어떻게 해야 혁신을 이룩할 수 있는지가 중요한 문제로 떠오르는데 제4차 산업 혁명이 진행되는 오늘날에는 인공지능이 혁신의 원천으로 주목받는다. 인공지능을 개발 및 활용함으로써 이전에는 할 수 없었던 새로운 일들이 가능해지기 때문이다. 예를 들어 예전에는 인간만의 활동으로 취급되었던 저작 활동을 이제는 인공지능도 수행한다. 인공지능으로 음악, 미술 작품 등을 창작하는 일이 가능해졌다. 이는 새로운 시장, 새로운 경제 성장의 가능성이 열리고 있음을 보여 준다.

인공지능과 혁신, 성장의 관계를 뒷받침하는 이러한 논리 전개에서 공리주의 사고방식을 발견할 수 있다. 공리주의, 그중에서도 양적 공리주의는 현재 진행 중인 인공지능 열풍을 철학적으로 잘 설명한다(児玉聡, 2012). 경제 성장이야말로 '최대 다수의 최대 행복'을 실현하는 가장 손쉬운 길인데 인공지능이 이러한 경제 성장을 가능케 하는 혁신의 원천으로 자리매김하기 때문이다. 말하자면 '인공지능 → 혁신 → 시장 경쟁력 → 경제 성장'이라는 논리적 연결 고리가 형성된다는 것이다. 이에 따라 인공지능을 규제하는 것보다 인공지능이 더욱 발전할 수 있도록 이를 지원하는 게 사회 발전에 도움이 된다고 역설한다.

고객주의

공리주의만이 인공지능을 이론적으로 지탱하는 것은 아니다. 철학적 후견주의가 오늘날에 맞게 변형된 고객주의 역시 인공지능 열풍을 이론적으로 뒷받침한다. 여기서 고객주의는 각 개인이 가진 고유한 특성을 최대한 고려하여 재화나 서비스를 제공할 것을 강조하는 이념을 말한다(손형섭 외, 2023). 이는 오늘날 선호되는 '개별화(customizing)' 또는 '개인화' 경향에서 확인할 수 있다(권영준, 2021).

개별화는 아마존이나 구글, 유튜브와 같은 플랫폼 사업자들이 즐겨 사용하는 경영 전략이다. 소비자가 개별적으로 가진 특성, 달리 말해 개성을 최대한 고려하여 맞춤형 서비스를 제공하는 전략이 개별화다. 개별 소비자에게 형식적으로 평등한 서비스가 아닌 합리적으로 차별화된 서비스를 제공하는 것이다.

이러한 점에서 개별화는 오늘날 복지 국가에서 강조하는 실질적 평등과도 연결된다. 형식적 평등이 아닌 실질적 평등을 구현하려면 국민, 특히 사회적 약자가 가진 고유한 특성을 고려해야 한다. 개별화는 모든 소비자를 형식적으로 평등한 주체로 설정하지 않고 개별 소비자가 가진 고유한 특성을 가능한 한 많이 고려하겠다는 전략이라는 점에서 이에 부합한다. 개별화에서 각 개인이 가진 차이는 제거되지 않고 오히려 긍정적으로 극대화된다.

그 점에서 개별화는 복지 국가에서 강조하는 후견과도 맥이 닿는다. 물론 양자 사이에는 차이가 있다. 복지 국가가 실질적 평등을 실현하기 위해 후견적으로 개입하는 대상이 사회적 약자라면, 오늘날 플랫폼 기업이 제공하는 개별화는 사회적 약자를 포함하는 소비자 일반을 대상으로 하기 때문이다.

인공지능은 이렇게 개별화를 중시하는 고객주의를 실현하는 최적의 도구로 여겨진다. 고객주의를 구현하려면 두 가지 요건이 충족되어야 한다. 첫째, 각 고객의 특성이나 선호, 요청과 같은 개인 정보를 확보해야 한다. 둘째, 이러한 개인 정보를 분석함으로써 각 고객이 원하는 최적의 서비스를 찾아내거나 예측해야 한다. 하지만 판단 능력에 제약이 있는 인간이 이를 수행하기에는 한계가 있다. 무엇보다도 방대한 개인 정보를 제한된 시간에 분석해 최적의 해법을 찾는 것은 사람에게는 무리다. 이는 복잡하고 방대한 계산을 순식간에 해내는 인공지능이 처리할 수 있는 과제다. 그 점에서 인공지능은 엄청난 복잡성을 감수해야 하는 고객주의를 실현할 수 있는 최적의 수단이 된다.

인공지능 비관론

인공지능 비관론은 인공지능 혁신이 지닌 어둠에 주목한다. 이때 말하는 어둠은 위험이다. 극단적으로 말하면 인공지능은 인류 사회를 파괴할 위험을 지닌다는 것이다. 그리하여 인공지능은 두려움의 대상이 된다. 위험은 지금 아직 현실화되지 않은 것으로 미래 지향적 개념이다(양천수, 2015). 따라서 인공지능의 위험이 실제로 현실화될지 우리는 확신하기 어렵다. 바로 이러한 불확실성으로 인해 인공지능은 두려움의 원천이 된다.

인공지능의 위험

물론 인공지능의 위험이 막연하기만 한 것은 아니다. 몇몇 위험은 이미 현실이 되었다. 가장 대표적인 위험은 인공지능의 오작동과 편향 위험이다. 인공지능이 매번 정확한 결과를 내놓는 것이 아님은 주지의 사실이다. 챗

GPT가 출시된 초기에 논란이 되었던 환각 문제도 오작동 위험이 실현된 예다. 자율주행 자동차의 교통사고도 이러한 예다. 인공지능, 더욱 정확하게 말하면 알고리즘의 편향 위험은 널리 알려진 사실이다(스타이너, 2016; 오닐, 2017). 인공지능 알고리즘이 여성이나 유색 인종 등을 차별적으로 평가한다는 문제는 여러 사례를 통해 논쟁거리가 되었다. 그 때문에 인공지능을 규율하는 윤리나 법은 알고리즘 편향 문제를 우선적으로 고려한다(양천수, 2020).

인공지능 학습에 제공되는 각종 정보를 둘러싼 위험도 현실이 되었다. 정보에는 개인 정보도 포함되는데 이러한 개인 정보를 수집 및 이용하는 과정에서 정보 주체의 개인정보자기결정권을 침해하는 것이다. 달리 말해 정보 주체의 사전 동의를 받지 않고 개인 정보를 수집 및 활용하는 위험이 문제가 된다.

인공지능이 인간의 일자리를 대체하는 문제도 현실로 다가오는 위험이다(카플란, 2016). 금융 영역은 이미 인공지능이 광범위하게 활용된다. 주식이나 가상 자산을 인공지능이 매일 매시간 사고파는 것은 현실이 되었다. 의료나 법률처럼 고도의 전문적 능력이 필요한 영역에도 인공지능이 투입된다.

이보다 더 두렵고 궁극적인 위험은 인간을 대신해 인공지능이 인간을 철저하게 조종하고 지배하는 것이다. 이러한 위험을 우려하고 경고하는 대표적인 사람으로는 『사피엔스』로 유명한 유발 하라리(Yuval Noah Harari)를 들 수 있다. 하라리는 여러 설득력 있는 자료를 제시하며 감정도 없고 쉴 필요도 없는 인공지능이 인간을 지배하는 시대가 올 수 있다고 경고한다(Harari, 2024). 어쩌면 이 때문에 사피엔스가 멸망에 이를 수도 있다고 우려한다. 하라리는 정보가 진실을 밝히기보다는 사회 질서를 구축하는 데 더 이바지하는 것처럼, 인공지능도 인간의 문제를 해결하기보다는 인간을 지배하는 질서를 형성하는 데 더 기여할 수 있다고 두려워하는 것이다. 이러한 하라리의 경고가 기우에 불과한 것은 아니다. 인공지능 알고리즘이 노동자를 지배하는 문제가 플랫폼 노동에서는 현실로 접어들었기 때문이다(김민제 · 선담은, 2020).

공리주의의 위험

인공지능의 위험은 인공지능 낙관론의 이론적 바탕이 되는 공리주의나 고객주의가 지닌 위험과도 연결된다. 공리주의가 어떤 위험을 안고 있는지는 잘 알려져 있다.

'최대 다수의 최대 행복'이라는 공리주의 정의 기준은 명확하고 간결한 만큼 그 위험도 분명하다. 공리주의는 사회의 소수 또는 사회적 약자를 적절하게 고려하지 않고 때에 따라서는 이들을 희생시킨다. 물론 오늘날 공리주의의 버전이 다양한 만큼 어떤 공리주의를 채택하는가에 따라 위험은 어느 정도 완화할 수 있다. 가령 순수한 양적 공리주의가 아닌 질적 공리주의나 규칙 공리주의를 선택하면 다수의 공리를 극대화하기 위해 소수를 희생시킨다는 문제에 제한을 가할 수 있다. 하지만 그렇다고 해서 공리주의의 위험을 근원적으로 해소하기는 어렵다. 이는 공리주의라는 철학을 수학으로 계량화한 경제학에서도 발견된다.

경제학은 공리 혹은 효용을 극대화하고자 한다. 효용을 극대화하기 위해 자원을 효율적으로 배분하는 결정이나 행위를 경제적으로 합리적인 것으로 본다. 이때 효용 극대화의 기준이 되는 효율성을 어떻게 개념화·구체화할 것인지 문제가 된다. 이상적으로는 사회 구성원 모두의 이익을 최적화하는 파레토 효율성이 바람직하다. 그렇지만 현실적으로는 다수의 이익을 최대화하는 칼도-힉스 효율성이 선택되는 경우가 많다(해리슨, 2006). 최대 다수 최대 행복의 경제학적 버전인 칼도-힉스 효율성에 따르면 사회 전체의 효용을 극대화한다는 명목으로 사회적 소수의 손실이 감수될 수 있다.

사실 현실적으로 볼 때 사회 모든 구성원의 공리나 효용을 증진할 수 있는 정책을 펴는 것은 불가능에 가깝다. 사회의 일부 구성원은 공리 증진 과정에서 배제될 수밖에 없다. 문제는 무엇을 기준으로 하여 '포용(inclusion)' 및 '배제(exclusion)'를 실행할지에 대한 것이다. 만약 '포용/배제' 기준을 공정하게 배분 및 적용하면 포용/배제의 편향이 발생하지 않을 수 있다. 사회의 모든 구성원이 포용과 배제의 가능성을 평등하게 가진다면 포용/배제 자체가 논란이 되지는 않을 것이다. 문제는 포용/배제라는 기준이 적용될 때 한 번 배제된 이들은 지속적으로 배제되는 편향이 발생한다는 것이다. 어떤 계기로 배제되기 시작한 이들은 계속해서 배제되고 이로 인해 사회 전체의 공리를 증진하는 과정에서 이들의 공리는 배제된다.

공리주의는 본질적으로 쾌락과 불쾌라는 공리 계산, 달리 말해 이익 형량에서 벗어날 수 없다. 그 점에서 언제나 포용/배제 문제에 직면해야 한다. 그런데 공리주의와 결합하는 포용/배제는 특정한 사회적 소수자들을 지속해서 배제하는 편향을 가질 위험이 있다. 바로 그 때문에 공리주의는 한계에 직면한다. 따라서 공리주의 바탕 위에서 인공지능 낙관론을 펼친다면 공리주의가 지닌 이러한 위험 역시 인공지능 낙관론은 피하기 어렵다.

고객주의의 위험

개별화로 대표되는 고객주의에는 두 가지 문제를 지적할 수 있다. 첫째, 고객주의를 실현하려면 각 고객, 즉 소비자가 지닌 개인 정보를 남김없이 수집, 분석 및 활용할 수 있어야 한다. 다시 말하면 해당 정보 주체를 완벽하게 프로파일링할 수 있어야 비로소 맞춤형 서비스가 가능해진다. 그러나 이는 고객주의라는 이름으로 완벽한 데이터 감시가 구현될 수 있음을 보여 준다.

둘째, 개별 소비자가 지닌 특성을 남김없이 고려하여 서비스를 제공하는 데 장점만 있는 것은 아니다. 이는 또 다른 차별을 유발한다. 예를 들어 부유한 소비자와 가난한 소비자를 구별하여 각 소비자에게 맞춤형 서비스나 광고를 제공하는 것은 고객주의에는 부합할 수 있지만 부유한 소비자와 가난한 소비자를 경제적 이유로 차별 대우하는 것으로 평가될 수도 있다(이부하, 2018). 고객주의라는 이름 아래 사회적 구별이 강화되고 이를 통해 편향 및 포용/배제가 고착되는 문제가 발생한다. 이렇듯 인공지능 혁신을 뒷받침하는 고객주의 역시 편향과 배제에서 자유롭지 않다는 점을 발견한다. 이에 따라 사회적 약자가 인공지능 혁신이 야기하는 파괴의 대상으로 전락할 위험이 커진다.

인공지능 규제의 필요성과 방향

이렇게 인공지능 혁신 속에 잠재한 위험을 관리 및 통제하려면 인공지능을 적절하게 규제할 필요가 있다. 이때 다음과 같은 문제가 제기된다. 어떤 규제 수단으로 그리고 어떤 방향에서 인공지능을 규제할 것인가의 문제가 그것이다. 딥러닝이 구현되고 인공지능 혁신이 새로운 도약을 맞이했을 때는 법과 같은 강제적인 수단보다 윤리와 같은 자율적 수단으로 인공지능을 규제해야 한다는 목소리가 공감대를 이루었다. 이에 따라 세계 각국에서 다양한 인공지능 윤리가 권고되거나 제정되었다(양천수, 2021). 하지만 인공지능의 발전 속도가 예상을 뛰어넘고 인공지능 위험이 점차 현실로 접어들면서 이제는 윤리를 넘어 법으로 인공지능을 규제해야 한다는 분위기가 자리매김한다. 이를 대변하듯 유럽 연합은 2024년 8월 1일 인공지능을 정면에서 포괄적으로 규제하는 「인공지능법(EU Artificial Intelligence Act)」을 발효했다

(이성엽 외, 2024). 이에 발맞추어 우리나라도 최근 인공지능 기본법을 제정했다.

하지만 이처럼 법을 규제 수단으로 선택하여 인공지능을 규제하면 인공지능의 두 측면 가운데 혁신이라는 부분이 억제될 수 있다. 규제의 역설이라는 주장이 잘 보여 주듯 특히 법을 활용하는 규제는 본래 목표를 달성하지 못하고 예상치 못한 부작용을 유발하는 때가 많기 때문이다(김영평 외, 2006). 따라서 법에 힘입어 인공지능의 위험을 규율하고 관리하는 경우에도 인공지능 혁신이 지닌 사회 발전의 잠재력을 염두에 둘 필요가 있다. 요컨대 혁신과 위험 관리가 조화를 이루는 법적 규제 방안을 설계하는 게 우리에게 필요하다.

이 책의 목표

이 책은 이처럼 혁신과 위험 사이에 선 인공지능의 발전 상황을 조감하면서 어떻게 하면 혁신과 위험 관리가 최적으로 공존하는 법적 규제를 마련할 수 있는지 고민한다. 이에 한편으로는 현재 인공지능이 어떤 혁신 과정을 달리고 있는지, 어떻게 활용될 수 있는지 살펴본다. 다른 한편으로는 인공지능에 구체적으로 어떤 위험이 잠재하는지 짚어 보면서 이를 위해 우리가 어떤 법적 규제를 설계 및 실행해야 하는지 검토한다.

참고문헌

권영준(2021). 법의 개인화 단상. ≪법조≫, 70(2), 7-42쪽.

김민제·선담은(2020). 가라면 가? 25분 거리를 15분 안에 가라는 'AI 사장님'. ≪한겨레≫, https://www.hani.co.kr/arti/society/labor/967865.html

김영평 외(2006). 『규제의 역설』, 삼성경제연구소.

김현경(2024). 수능 문제 풀어보라 줬더니…AI의 깜짝 놀랄 '대반전'. ≪한경≫, https://www.wowtv.co.kr/NewsCenter/News/Read?articleId=A202412160117

손형섭 외(2023). 『디지털 전환 시대의 법이론: 위험과 변화 그리고 대응』, 박영사.

양천수(2015). 위험·재난 및 안전 개념에 대한 법이론적 고찰. ≪공법학연구≫, 16(2), 187-216쪽.

양천수(2020). 인공지능과 윤리: 법철학의 관점에서. ≪법학논총≫(조선대), 27(1), 73-114쪽.

양천수(2021). 인공지능 윤리의 현황과 과제. ≪인권이론과 실천≫, 29, 67-101쪽.

양천수(2021). 인공지능 창작물과 저작권. ≪인권이론과 실천≫, 30, 37-130쪽.

유발 하라리. 김명주 옮김(2024). 『넥서스』, 김영사.

이부하(2018). 알고리즘(Algorithm)에 대한 법적 문제와 법적 규율. ≪과학기술과 법≫, 9(2), 211-230쪽.

이성엽 외(2024). 『생성형 AI와 법』, 박영사.

제리 카플란. 신동숙 옮김(2016). 『인간은 필요 없다』, 한스 미디어.

제프리 해리슨. 명순구 옮김(2006). 『법경제학』, 세창출판사.

캐시 오닐. 김정혜 옮김(2017). 『대량살상 수학무기』, 흐름출판.
크리스토퍼 스타이너. 박지유 옮김(2016). 『알고리즘으로 세상을 지배하라』, 에이콘.
児玉聡(2012). 『功利主義入門: はじめての倫理学』, ちくま新書.
清水洋(2024). 『イノベ-ションの科学: 創造する人·破壊される人』, 中公新書.
Porter, Michael E.(1985). *Competitive Advantage: Creating and sustaining superior performances*, Free Press.

01

인공지능 혁명

우리는 인공지능 혁명의 시대를 살아간다. 그동안 두 번의 겨울을 견뎌 내야 했던 인공지능 기술은 딥러닝이 구현되면서 혁명적으로 발전하고 있다. 매우 복잡한 결정을 할 수 있을 뿐만 아니라 생성적 적대 신경망(GAN)과 GPT 기술을 실현 및 결합하면서 다양한 저작물을 창의적으로 생성한다.

AI와 1인 창업?

인공지능 혁명 시대

오늘날 인공지능이 화두다. 우리는 인공지능 혁명 시대를 살아간다(양천수, 2021). 2016년 인공지능 알파고와 이세돌 9단의 세기적인 바둑 대국에서 알파고가 승리하면서 인공지능이 더 이상 SF 소설 등의 주제가 아니라 현실의 주제이자 문제가 되기 시작했음을 보여 주었다. 그리고 2022년 11월 챗GPT가 출시되면서 이제 인공지능은 그들만의 것이 아니라 우리 일상생활과 밀접하게 연결되는 우리 모두의 것이 되었음을 드러내었다. 더불어 챗GPT는 그동안 인간 존재만의 전유물로 여겨졌던 자연어 활용 역시 인공지능이 수행할 수 있게 되었음을 예증했다. 인간의 고유한 영역으로 취급되었던 그림 그리기, 음악 만들기를 넘어 인간처럼 소통하는 능력까지 인공지능이 획득하게 되었다는 것이다.

인공지능 발전은 여기에 머물지 않는다. 챗GPT가 구현된 이후 인공지능은 더욱더 급속하게 발전하고 있다. 이제는 영상, 음악, 언어를 인간보다 더욱 능숙하게 연결 및 활용할 수 있는 역량도 갖추게 되었다. 심지어 인공지능은 이제 의도적인 거짓말도 할 수 있는 것으로 보인다(하라리, 2024). 그 때문에 하라리 같은 이들은 인공지능의 급속한 발전에 암울한 진단과 경고를 한다(하라리,

2024).

두 번의 겨울과 딥러닝

사실 인공지능에 관한 논의는 꽤 오래전부터 시작되었다. 컴퓨터가 기술적으로 구현되면서 여러 사람이 우리 인간 존재의 사고 능력을 인공적으로 구현하는 데 관심을 가졌다. 여기에는 인간 존재의 사고 능력이 가진 한계, 즉 '제한적 합리성'의 한계를 인공지능으로 보완하고자 하는 문제의식도 한몫했다. 행동 경제학의 아버지이자 인공지능 발전에 선구적 역할을 한 사이먼(Herbert Alexander Simon)에 따르면 우리 인간 존재는 제한적 합리성으로 인해 휴리스틱(heuristic), 즉 임기응변적 방법을 사용해 의사 결정을 한다(Simon, 1955). 그렇지만 금방 실현될 듯싶었던 인공지능을 실제로 구현하는 것은 쉽지 않았다. 새로운 시도는 번번이 벽에 부딪혔다. 그 때문에 인공지능 연구자는 두 번의 겨울을 견뎌 내야 했다(마쓰오 유타카, 2016). 이윽고 인간처럼 사고하는 인공지능을 실현하는 것은 가능하지 않다는 회의론이 연구자들을 압박했다.

이에 돌파구를 마련한 것은 병렬분산처리 시스템(Parallel Distributed Processing System)으로 지칭되는 시도였다(코플랜드, 2020). 이는 인간 존재의 생물학적 신경망이 작동하는 과정을 인공적으로 구현해 인공지능에 적용하는 것이었다. 말하자면 의미와 논리적 규칙을 중심으로 하는 기존의 기호 체계 패러다임을 대신해 절차(process)를 중심으로 하는 인공신경망 패러다임을 인공지능에 적용하는 시도였다. 이후 이는 딥러닝으로 유명해진다. 힌턴(Geoffrey Everest Hinton) 교수의 연구진에 의해 딥러닝이 실현되면서 인공지능은 혹독했던 두 번째 겨울의 시기를 마감하고 새롭게 도약한다. 그리고 우리에게 잘 알려진 사건 혹은 이벤트가 연이어 출현한다. 무엇보다도 알파고의 등장은 인공지능 기술이 성공적으로 새로운 패러다임을 맞이했음을 상징적으로 보여 준다.

GAN

딥러닝 구현에 이어 인공지능 기술의 또 다른 돌파구가 되었던 기술은 GAN이었다. GAN은 생성적 적대 신경망(Generative Adversarial Networks)을 뜻한다. GAN은 2014년 이언 굿펠로(Ian Goodfellow)와 그의 동료들이 제시한 새로운 기계학습 프레임워크다(Goodfellow et al., 2014).

GAN은 두 개의 인공신경망으로 구성된다. 생성 모델(generator)과 식별 모델(discriminator)이 그것이다. 두 개의 신경망 모델은 서로 대립하면서 공존한다. 마치 당사자주의 소송 구조(adversarial procedure)에서 원고와 피고와 같은 소송 당사자가 서로 대립하는 과정에서 법관이 소송의 진실을 찾아가는 것처럼, GAN에서도 생성 모델과 식별 모델이 대립하는 당사자로 서로 적대하면서 진짜와 구별되지 않는 가짜를 생성한다.

굿펠로는 이를 위조지폐범과 경찰로 비유했다. 위조지폐범이 위조지폐를 생성하면 경찰은 이를 가짜로 식별한다. 그러면 위조지폐범은 이보다 더 나은 위조지폐를 만들고 경찰은 다시 이를 식별한다. 이러한 환류 과정을 거치면서 위조지폐는 진짜와 거의 구별할 수 없을 정도로 개선된다. GAN에서는 생성 모델이 위조지폐범의 역할을, 식별 모델이 경찰의 역할을 담당한다.

딥러닝이 실현되면서 인공지능은 마치 인간처럼 데이터를 추상화할 수 있는 능력을 얻게 되었는데, GAN이 구현되면서 이제 인공지능은 주어진 선택지를 결정하는 능력을 넘어 생성 능력, 즉 새로운 것을 만들어 내는 능력도 확보하게 되었다. GAN을 통해 인공지능의 영역이 결정 인공지능에서 생성 인공지능까지 확장된 것이다.

예를 들어 GAN이 활용되면서 인공지능은 인간의 고유한 영역으로 취급되었던 음악 저작물이나 미술 저작물을 생성하게 되었다.

GPT

GAN 이후 인공지능 기술을 다시 한 차원 도약시킨 기술로 GPT를 들 수 있다. GPT(Generative Pre-trained Transformer)는 오픈에이아이(OpenAI)가 개발한 언어 인공지능 모델이다(AI Network, 2021). 딥러닝을 적용한 언어 생성 모델로 인간처럼 말하는 듯한 소통 텍스트를 만들어 내는 자기회귀 언어 모델이다. GPT는 크게 세 가지 요소로 분해할 수 있다. 생성 요소, 사전 학습 요소, 트랜스포머 요소가 그것이다. 달리 표현하면 생성 모델, 사전 학습 모델 및 트랜스포머가 결합한 것이 GPT인 셈이다.

여기서 주목해야 할 요소가 트랜스포머다. 딥러닝 이후 GAN과 더불어 가장 중요한 인공지능 기술로 평가되는 트랜스포머는 인공지능이 인간처럼 자연어를 활용해 소통할 수 있게 하는 기술이다(Vaswani et al., 2017). 트랜스포머에서 핵심이 되는 기술은 어텐션(attention) 메커니즘이다. 어텐션 메커니즘은 그전까지 자연어 처리와 번역 영역에서 주로 사용되던 합성곱신경망(CNN, Convolutional Neural Network) 메커니즘이나 순환신경망(RNN, Recurrent Neural Network) 메커니즘이 가진 한계를 보완하기 위해 제시되었다. CNN이나 RNN은 자연어 처리 기술 발전에 큰 기여를 했지만, 입력되는 문장이 길어지면 정확성이 떨어지는 한계가 있었다. 병렬 처리 기술도 갖추지 않아 에너지 소모도 많았다. 이에 어텐션 메커니즘은 셀프-어텐션(self-attention)이라는 방법으로 긴 문장이 입력되어도 적절하게 처리할 수 있게 되었다. 병렬 처리 기술도 확보하여 하드웨어 측면에서 소비되는 에너지도 효율적으로 줄일 수 있게 되었다.

어텐션 메커니즘은 구별, 패턴 집중, 자기 참조를 핵심 구상으로 한다. 우선 입력되는 문장을 토큰별로 구별하여 벡터(vector) 함수로 전환한다. 이어 소통 데이터 가운데 존재하는 특정 패턴을 파악해 이에 집중함으로써 인공지능이 인간처럼 소통할 수 있게 한다. 가령 데이터를 입력해 인코딩(encoding)하는 과정에서 특정 패턴에 집중한다. 다음으로 이를 디코딩(decoding)하여 출력하는 과정에서 새로운 언어적 표현을 생성해 인간처럼 소통하게 만든다. 이렇게 디코딩할 때 인코딩 과정에서 입력된 문장의 패턴을 다시 참조한다. 달리 말하면 입력 → 출력이라는 대응 관계에만 집중하는 게 아니라 입력되는 문장 안에 존재하는 단어들의 관계 역시 참조하는 것이다.

오픈에이아이는 이러한 GPT 모델을 바탕으로 하여 2018년부터 GPT-n 시리즈를 출시하고 있다. 그중 가장 유명한 것이 바로 챗GPT다. 챗GPT는 오픈에이아이가 2022년 11월에 GPT-3을 개선하여 출시한 GPT-3.5 모델이다. 이후 챗GPT는 놀라운 능력으로 세계적인 관심을 끌었다. 심지어 그동안 구글이 주도했던 검색 시장을 변혁할 수 있는, 달리 말해 구글을 위협할 수 있는 존재로 떠올랐다(이시한, 2023). 이어 2023년 3월 14일에는 GPT-3.5 모델을 개선한 GPT-4 모델이 출시되었다.

많은 이가 챗GPT에 열광하는 이유는 다양할 것이다. 그 가운데 몇 가지를 꼽으면 다음과 같다. 우선 챗GPT는 인간과 인간처럼 자연어로 소통할 수 있다. 그러나 챗GPT는 단순히 채팅만 할 수 있는 게 아니다. 이에 더해 챗GPT는 전문적이면서 창의적인 소통을 할 수 있다. 예를 들어 챗GPT는 전문적인 질문에 적절한 답변을 할 수 있다. 이때 검색 모델처럼 기존에 있는 데이터만을 나열하지 않고 이를 분석 및 소화하여 그 결과를 생성적으로 도출한다.

참고문헌

마쓰오 유타카. 박기원 옮김(2016). 『인공지능과 딥러닝: 인공지능이 불러올 산업구조의 변화와 혁신』, 동아엠엔비.

양천수(2021). 『인공지능 혁명과 법』, 박영사.

유발 하라리. 김명주 옮김(2024). 『넥서스』, 김영사.

이시한(2023). 『GPT 제너레이션』, 북모먼트.

잭 코플랜드. 박영대 옮김(2020). 『계산하는 기계는 생각하는 기계가 될 수 있을까?』, 에디토리얼.

AI Network(2021). GPT 모델의 발전 과정 그리고 한계. AI Network_KR, https://ai-network.medium.com/gpt-%EB%AA%A8%EB%8D%B8%EC%9D%98-%EB%B0%9C%EC%A0%84-%EA%B3%BC%EC%A0%95-%EA%B7%B8%EB%A6%AC%EA%B3%A0-%ED%95%9C%EA%B3%84-81cea353200c

Goodfellow, Ian et al.(2014). Generative Adversarial Nets. Proceedings of the International Conference on Neural Information Processing Systems, pp. 2672-2680.

Simon, Herbert A.(1955). A Behavioral Model of Rational Choice. *The quarterly journal of economics*. 69(1), pp. 99-118.

Vaswani, Ashish et al.(2017). Attention Is All You Need. *NIPS papers*, https://proceedings.neurips.cc/paper_files/paper/2017/file/3f5ee243547dee91fbd053c1c4a845aa-Paper.pdf

02
새로운 소통 매체로서 인공지능

멀티모달이 가능한 인공지능이 구현되면서 인공지능은 새로운 소통 매체, 즉 미디어로 자리매김한다. 챗GPT와 같은 범용 인공지능 모델을 활용하여 다양한 사업을 기획 및 수행하는 인공지능 사업자가 이를 보여 준다. 오늘날 인공지능은 인터넷이나 에스엔에스(SNS)를 넘어서는 독자적인 미디어가 되어 간다.

AI와 MBTI?

멀티모달 인공지능

딥러닝, GAN, 트랜스포머 기술이 실현되면서 인공지능은 주어진 선택지를 선택 및 결정하는 능력을 넘어 새로운 그 무엇을 생성하는 능력도 확보하게 되었다. 인간처럼 소리, 이미지, 자연어와 같은 매체(media)를 다룰 수 있게 되었다. 그뿐만 아니라 GPT-4 모델에 이르면서 소리, 이미지, 자연어와 같은 매체를 서로 연결할 수 있는 능력도 획득했다. 이를테면 자연어를 활용한 질문에 그림이나 음악, 영상으로 답변한다. 자연어로 구성된 문서를 피피티(PPT)로 변환하기도 한다. 이제 인공지능은 인간처럼 다양한 매체를 서로 연결해 통합적으로 활용할 수 있는 역량을 확보한 것이다.

범용 인공지능

멀티모달 인공지능이 등장했다는 것은 인공지능이 범용 인공지능 수준까지 발전했다는 점을 시사한다. 인공지능은 몇 가지 유형으로 구별할 수 있다. 그중 강한 인공지능(strong AI)과 약한 인공지능(weak AI), 좁은 인공지능(ANI, Artificial Narrow Intelligence)과 범용 인공지능(AGI, Artificial General Intelligence)이라는 구별이 널리 알려져 있다. 전자의 유형이 인공지능의 역량을 기준으로 한 것이라면 후자의 유형은 인공지능이 활용될 수 있는 영역의 범위, 즉 기능의 범위를 기준으로 한 것이다(양천수, 2025).

좁은 인공지능은 특정한 영역에 한정되어 활용되는 인공지능을 말한다. 중국식 바둑에 특화된 알파고가 이에 해당한다. 의료 인공지능이나 법률 인공지능 등도 좁은 인공지능에 속한다. 이에 반해 범용 인공지능은 특정 영역을 넘어 다양한 영역에서, 더 나아가 모든 영역에서 일반적으로 활용되는 인공지능을 말한다. 얼마 전까지만 해도 범용 인공지능은 미래의 이야기로 예측되기도 했지만 어느덧 범용 인공지능은 현실이 되었다. GPT-4가 상용화되면서 범용 인공지능은 우리가 일상생활에서 접하는 인공지능이 되었다. 그 때문에 2024년 8월 1일부터 발효한 유럽 연합 「인공지능법」은 범용 인공지능을 'General Purposes AI Models'이라는 개념으로 포섭하여 규율한다(유럽 연합 「인공지능법」 제5장).

기반 모델로서 인공지능

좁은 인공지능과는 달리 범용 인공지능은 거의 모든 영역에서 활용될 수 있다. 그 점에서 범용 인공지능은 다양한 인공지능 서비스와 결합할 수 있다. 이에 범용 인공지능은 기반 모델(Foundation Model)로도 지칭된다. 마치 방송, 통신이나 인터넷처럼 인공지능이 다양한 사업이나 서비스가 가동하는 데 기반이 된다는 것이다. 이 역시 유럽 연합 「인공지능법」이 잘 보여 준다.

유럽 연합 「인공지능법」은 범용 인공지능으로 두 가지를 규율한다. 범용 인공지능 모델(general-purpose AI models)과 범용 인공지능 시스템(general-purpose AI systems)이 그것이다(유럽 연합 「인공지능법」 제5장). 여기서 범용 인공지능 시스템이란 범용 인공지능 모델을 기반으로 하거나 이와 결합하는 인공지능 시스템을 말한다(유럽 연합 「인공지능법」 제33조 제66항). 범용 인공지능 모델과 시스템을 구별한다는 점은 범용 인공지능 모델을 활용하여 다양한 사업을 기획 및 수행하는 인공지능 사업자가 있음을 나타낸다. 이는 범용 인공지능이 기반 모델로 기능한다는 점을 보여 준다. 말하자면 범용 인공지능 모델과 범용 인공지능 시스템은 '기반 모델/응용 모델'이라는 구별을 인공지능에 적용한 것으로 볼 수 있다.

이러한 구별 방식은 우리나라의 법률에서도 찾아볼 수 있다. 예를 들어 전기 통신이라는 기반 시설을 규율하는 「전기통신사업법」은 전기 통신에 관한 사업으로 두 가지를 규정한다. 기간통신사업과 부가통신사업이 그것이다(「전기통신사업법」 제2장 제2절~제3절). 기간통신사업은 전화나 인터넷접속 등과 같은 기간통신역무를 대상으로 한다(제2조 제11호). 이에 대해 부가통신사업은 부가통신역무, 즉 기간통신역무 외의 전기통신역무를 대상으로 한다(제2조 제12호). 인터넷 검색 서비스 사업을 이러한 예로 들 수 있다. 이 같은 구별에 따라 사업자도 기간통신사업자와 부가통신사업자로 구별된다. 요컨대 '기반 모델/응용 모델'이라는 구별이 「전기통신사업법」에서는 '기간통신역무/부가통신역무', '기간통신사업/부가통신사업', '기간통신사업자/부가통신사업자'로 적용되는 것이다. 따라서 인공지능이 기반 모델이 된다는 것은 인공지능이 마치 전기 통신과 같은 기능을 한다는 점을 시사한다.

새로운 소통 매체로서 인공지능

기반 모델로 기능하는 범용 인공지능이 출현했다는 것은 인공지능이 새로운 의미 또는 지위를 획득했음을 의미한다. 오늘날 인공지능이 단순한 이용 수단 또는 시스템으로만 머무는 게 아니라 언어, 인쇄물, 통신, 방송, 인터넷처럼 새로운 소통 매체(communication media)로서 자리매김하게 되었다는 것이다. 여기서 소통 매체란 소통과 소통을 지속적으로 연결하는 매체를 뜻한다. 소통 매체를 통해 우리는 안정적인 소통을 이어 갈 수 있다. 그 점에서 소통 매체는 소통을 가능케 하는 기반이 된다(루만, 2014).

체계 이론(systems theory)을 정립한 독일의 사회학자 루만(Niklas Luhmann)은 소통 매체를 두 가지로 나눈다. 확산 매체와 성공 매체가 그것이다.

'확산 매체(Verbreitungsmedien)'란 소통 매체의 기본적인 모습으로 소통을 가능케 하고 더 나아가 이러한 소통이 사회 전체적으로 확산되게 하는 매체를 뜻한다. 언어, 문자, 인쇄술, 사진, 영화, 인터넷 등을 확산 매체로 언급할 수 있다. 예를 들어 인쇄술이 개발 및 보급되면서 소통은 지역이나 시간의 한계를 넘어설 수 있게 되었다. 인터넷이 일상화되면서 소통은 전 세계의 차원까지 확장되었다.

이에 대해 '성공 매체(Erfolgsmedien)'란 기능적으로 다원화된 사회의 각 영역, 예를 들어 정치나 경제, 법, 학문, 의료 등에서 내부적으로 진행되는 기능적 소통과 소통의 연결을 성공시키는 매체를 뜻한다(정성훈, 2016). 이는 사회의 기능적 분화, 즉 사회 전체의 내적 분화와 관련을 맺는다. 권력이나 화폐, 법, 진리, 건강 등을 성공 매체의 예로 들 수 있다. 이를테면 정치 체계는 권력이라는 성공 매체로 정치적 소통을 성공적으로 연결한다. 경제 체계는 화폐라는 성공 매체로 경제적 소통을 연결한다. 법체계는 법이라는 성공 매체로 폐쇄적인 법적 소통을 연결하고 구축한다.

기반 모델로 기능하는 범용 인공지능은 새로운 확산 매체가 된다고 할 수 있다. 기존 인터넷 매체보다 정보나 디지털 서비스를 더욱 손쉽게 사회 전체로 확산하기 때문이다. 이는 거대언어모델(LLM, Large Language Model)과 같은 범용 인공지능이 단순히 소비자에게만 이용되는 게 아니라 콘텐츠 사업자와 같은 다양한 사업자들이 사업 목적으로 이를 활용(deploying)한다는 점에서 확인된다. 말하자면 '기반 인공지능 → 인공지능 활용 서비스 제공자 → 최종 이용자'와 같은 가치 사슬(value chain)이 형성된다. 이는 인공지능이 인터넷과 같은 정보 통신망처럼 새로운 기간 소통 매체가 되고 있음을 보여 준다. 이에 따라 인공지능이 사회 전체에 미치는 영향이 증폭된다.

참고문헌

니클라스 루만. 윤재왕 옮김(2014). 『체계이론 입문』, 새물결.
양천수(2025). 『인공지능법학』, 박영사.
정성훈(2016). 디지털 시대, 확산매체와 성공매체 사이의 긴장. ≪인문학연구≫(조선대), 51, 9-44쪽.

03
인공지능의 혁신적 활용

오늘날 인공지능은 사회 다방면에 걸쳐 활용된다. 사적 영역뿐만 아니라 공적 영역에서도 활용될 수 있다. 예를 들어 입법, 행정, 사법처럼 그동안 인간 전문가가 수행하던 영역에 인공지능을 도입할 준비가 이루어지고 있다. 이는 논란이 있을 수 있지만 인공지능을 활용함으로써 이들 영역의 전문성과 효율성 그리고 공정성을 제고할 수 있다.

AI와 난임 극복?

인공지능의 활용

인공지능이 주어진 선택지를 결정하는 역량을 넘어 생성 역량, 소통 역량, 결합 역량까지 획득하면서 사회의 다양한 영역에서 활용되고 있다. 시장과 같은 사적 영역뿐만 아니라 공적 영역, 달리 말해 사회 영역뿐만 아니라 국가 영역에도 인공지능이 활용될 계기가 마련된다. 예를 들어 입법, 행정, 사법처럼 그동안 인간 전문가가 수행하던 영역에도 인공지능이 투입될 준비가 이루어진다. 물론 민주주의라는 측면에서 볼 때 이는 논란이 있을 수 있다. 그렇지만 이들 영역에 인공지능을 적용함으로써 전문성뿐만 아니라 효율성과 공정성을 제고할 수 있다(양천수, 2023).

사회 영역에서 인공지능 활용

인공지능을 가장 적극적으로 활용하는 영역은 사회 영역, 즉 민간 영역이라 할 수 있다. 사회 영역에서는 경제적 이익 창출의 수단이자 매체로, 특히 스타트업의 신사업 수단으로 인공지능이 적극 사용된다. 그 때문에 인공지능 사업자들은 인공지능 혁신의 순기능을 강조하면서 인공지능에 대한 비규제나 규제 완화를 요청한다.

사회 영역에서 활용되는 다양한 사례 가운데 의료 인

공지능과 면접 인공지능이 눈에 띈다. 넓은 의미의 의료 영역은 크게 보건 영역, 진료 영역, 케어(care) 영역으로 나눌 수 있다. 이에 따라 의료 인공지능도 보건 인공지능, 진료 인공지능, 케어 인공지능으로 구별할 수 있다. 현재 이러한 의료 인공지능 개발 및 활용에 많은 관심과 시도가 이루어진다(박성호, 2018; 최윤섭, 2018; 정채연, 2021). 이 중 가장 먼저 본격적으로 활용되기 시작한 것은 진료 인공지능이라 할 수 있다. 환자의 질병을 진단하고 이에 적합한 처방을 제시하는 역할을 인공지능이 수행하는 것이다. 아이비엠(IBM)에서 개발한 왓슨(Watson)이 대표적인 예다. 실제로 왓슨은 우리나라를 비롯해 실제 의료 현장에 투입되어 활용되었다. 다만 기대했던 것보다 실제 의료 문제를 해결하는 데 미흡하여 현재는 사용이 축소되었다(박건형, 2021). 질병의 원인을 분석하고 이에 적합한 치료법을 제공하기 위해서는 인공지능이 지금보다 더 복잡하고 전문적인 사고를 할 수 있어야 한다는 점을 보여 준 것이다.

물론 그렇다고 해서 의료 인공지능에 대한 관심이 줄어든 것은 아니다. 현재 의료 인공지능에 대한 표준을 개발 중이고 의료 인공지능의 윤리 가이드라인도 마련되고 있다(신수용, 2020). 인공지능을 활용한 의료 진단 방법의 특허 출원도 늘어나는 추세다(박진석, 2021).

또 다른 예인 면접 인공지능은 면접 지원자가 제시하는 언어적 답변을 특정한 기준에 따라 평가하는 기능을 수행한다. 이때 특정한 기준이란 면접 지원자가 근무하게 될 영역에서 필요한 직무 역량을 뜻한다. 이러한 면접 인공지능이 제대로 작동하려면 다음과 같은 역량이 필요하다. 첫째, 면접 평가 기준을 이해할 수 있어야 한다. 둘째, 면접 지원자가 대답하는 언어적 소통을 이해해야 한다. 셋째, 면접 평가 기준을 면접 지원자의 답변에 적용하여 직무 역량을 평가할 수 있어야 한다. 어찌 보면 이는 인간 전문가도 제대로 갖추기 어려운 역량이다. 그런데 흥미로운 점은 이러한 역량을 가진 면접 인공지능이 이미 실용화되어 사업에 활용된다는 것이다. 그 예로 스타트업 제네시스랩이 출시한 면접 인공지능을 언급할 수 있다. 제네시스랩은 이러한 인공지능을 '상호작용 인공지능'(interactive AI)으로 지칭한다.

국가 영역에서 인공지능 활용

국가 영역과 같은 공적 영역에서도 인공지능은 활용될 수 있다. 예를 들어 법을 만드는 입법 영역에서는 인공지능이 입법 평가의 수단으로 사용될 수 있다(양천수,

2023). 이때 입법 평가란 입법이 잘 이루어졌는지 평가하는 것을 말한다. 입법은 자기 목적적인 것이 아니라 수단적인 과정이다. 정치 체계가 결정한 특정한 정책 목적을 법치주의에 따라 법으로 실현하기 위해 사용되는 수단이 입법이다. 이 점을 고려하면 입법이 특정한 정책 목적을 달성하는 데 좋은 수단이자 도구로서 사회에 투입될 수 있도록 평가되어야 한다. 바로 이러한 입법 평가의 수단으로 인공지능이 활용될 수 있다. 가령 인공지능을 사용해 입법이 본래 설정한 목적을 사회에서 구현했는지 사후적으로 평가할 수 있다.

법적 분쟁에 법을 적용해 해결하는 사법 영역에도 인공지능을 활용할 수 있다. 사법 영역에 인공지능을 사용하는 것을 리걸테크(Legal Tech)로 부르기도 한다. 리걸테크가 활용될 수 있는 넓은 의미의 사법 영역은 크게 세 영역으로 구획할 수 있다. 법원이 주도하는 사법 영역, 검찰이 주도하는 검찰 영역 그리고 변호사가 주도하는 변호사 영역이 그것이다. 그 가운데 민간 영역이라 할 수 있는 변호사 영역에서 인공지능을 활용하는 리걸테크가 활발하게 개발 및 이용된다(황철환, 2016). 그러나 법원 역시 사법 인공지능에 관심이 없지 않다. 물론 아직 이에 관한 법적 토대를 마련하지는 않았지만 사법 영역에 어떻게 인공지능을 적용할 수 있을지 연구가 진행되고 있다(박진애, 2023).

국가 영역 가운데 가장 선구적으로 인공지능 활용을 준비한 영역은 행정이다. 행정 영역이야말로 일찍부터 인공지능 활용에 관심을 보였다(양천수, 2023). 루만의 연구가 보여 주듯 독일의 경우에는 이미 1960년대에 이에 관한 연구가 진행되었다(Luhmann, 1966). 따라서 행정 영역에서는 인공지능 활용에 관한 논의가 새삼스러운 것은 아니다.

그뿐만 아니라 우리 행정 영역은 인공지능을 활용하는 데 필요한 법적 기초도 이미 마련했다. 「행정기본법」 제20조에 "자동적 처분"이라는 표제 아래 이에 관한 법적 근거를 규정한 것이다. 이에 따르면 "행정청은 법률로 정하는 바에 따라 완전히 자동화된 시스템(인공지능 기술을 적용한 시스템을 포함한다)으로 처분을 할 수 있다. 다만, 처분에 재량이 있는 경우"는 그렇지 않다. 이는 다음과 같이 해석할 수 있다.

우선 「행정기본법」 제20조에 따르면 행정청이 인공지능 등을 활용한 전자동적 행정 작용을 하기 위해서는 법률적 근거가 필요하다. 이를 반대로 말하면 법률적 근거가 없는 때에는 인공지능을 활용한 전자동적 행정 작용을 할 수 없다는 것이다.

다음으로 제20조는 "완전히 자동화된 시스템"에 의한 처분을 규정한다. 이때 "완전히 자동화된 시스템"이 구체적으로 무엇을 뜻하는지 문제가 될 수 있다. 이를 달리 완전 자동화 또는 전자동화로 지칭할 수 있을 것이다. 이와 구별되는 부분 자동화를 통해 그 의미를 해명할 수도 있다. 그렇지만 구체적인 상황에서 어떤 경우에 완전 자동적 행정 작용이고 부분 자동적 행정 작용인지 명확하게 구별하는 것은 쉽지 않을 수 있다. 예를 들어 인공지능을 활용하면서 최종적으로 인간 공무원이 검수 및 판단하는 경우는 완전 자동적 행정 작용이 아닌 부분 자동적 행정 작용인지, 그렇다면 이 경우에는 법률적 근거가 필요하지 않은지 의문을 제기할 수 있다.

나아가 제20조에 따르면 완전히 자동화된 시스템에 의해 이루어지는 처분은 공무원의 재량이 허용되지 않는 기속 행위에만 적용될 수 있다. 이를 반대로 추론하면 판단의 여지가 포함되는 재량 행위에는 완전히 자동화된 시스템을 활용하는 처분을 할 수 없다. 완전히 자동화된 시스템을 활용할 수 있는 처분으로는 세금이나 재난지원금 계산처럼 재량이 허용되지 않는 기속 행위를 들 수 있을 것이다.

참고문헌

박건형(2021). 돈 못버는 골칫덩이됐다… AI 선구자 '왓슨'의 몰락: AI 시대 연 지 10년 만에 IBM 골칫덩이로. ≪조선일보≫, https://www.chosun.com/economy/tech_it/2021/07/20/2ZE5MWL7MBBU5CGUUXXLUBD4PM/

박성호(2018). 의료인공지능: 인공지능 초심자를 위한 길라잡이. ≪대한영상의학회지≫, 78(5), 301-308쪽.

박진석(2021). 인공지능 이용한 의료 진단방법 특허출원 급증. ≪특허뉴스≫, 182-183, 57-57쪽.

박진애(2023). 리걸테크 관련 독일의 법률서비스법(RDG) 입법례. ≪최신 외국입법정보≫, 219, https://dl.nanet.go.kr/search/searchInnerDetail.do?controlNo=KINX2023039919

신수용(2020). 의료 인공지능 표준개발 동향. ≪TTA Journal≫, 187, 33-37쪽.

양천수(2023). 인공지능과 규범창설: 입법평가를 예로 하여. ≪법철학연구≫, 26(2), 153-194쪽.

양천수(2023). 인공지능을 활용한 행정의 이론적 문제와 대응: 체계이론의 관점에서. ≪법학논총≫(국민대), 36(2), 91-122쪽.

정채연(2021). 의료 인공지능의 법적 수용을 위한 시론적 연구: 쟁점과 과제. ≪법학논총≫(단국대), 45(3), 145-176쪽.

최윤섭(2018). 『의료 인공지능』, 클라우드나인.

황철환(2016). 세계 첫 'AI 로봇 변호사' 美대형로펌서 일한다. 연합뉴스, https://www.yna.co.kr/view/AKR20160517042100009

Luhmann, Niklas(1966). *Recht und Automation in der öffentlichen Verwaltung*, Berlin: Duncker &Humblot Gmbh.

04
탈인간중심주의 사회의 가능성

그동안 극복하기 어려워 보였던 자연어 처리마저 인공지능이 해결하면서 인공지능은 소통 매체의 의미를 넘어 독자적인 행위자의 지위를 획득할 가능성을 보인다. 이에 따라 인공지능을 독자적인 인격으로 볼 수 있는지에 관한 논의가 진행된다. 이는 우리 사회가 탈인간중심주의 사회로 나아갈 수 있음을 나타낸다.

AI와 사주?

탈인간적 존재의 가능성

그동안 극복하기 어렵게 보였던 자연어 처리마저 인공지능이 해결하고 상당한 정도의 자율적 판단까지 할 수 있게 되면서 인공지능은 소통 매체의 의미뿐만 아니라 이를 넘어 독자적인 행위자(agent)의 지위까지 획득할 가능성이 열렸다(이경전, 2024). 이에 따라 인공지능을 독자적인 인격, 특히 법적 인격(legal person)으로 볼 수 있는지가 논의된다(양천수, 2018). 지금까지는 인격의 확장 논의가 주로 동물권과 관련하여 진행되었는데 이에 인공지능이 추가된 것이다. 이는 우리 사회가 인간중심주의 사회에서 본격적인 탈인간중심주의 사회로 나아갈 계기가 마련되었음을 보여 준다(양천수, 2016).

법적 인격의 의미와 기능

법적 인격이란 법적 주체, 더욱 구체적으로 말하면 법적 권리와 의무의 주체가 될 수 있는 자격을 말한다(양천수, 2025). 이때 의무는 손해배상책임이나 형사책임 등과 같은 법적 책임을 포함한다. 이렇게 보면 법적 인격이란 법적 주체가 될 수 있는 자격을 뜻하는 것으로 특정한 권리나 권한, 의무, 책임을 인정하는 데 전제가 되는 개념임을 알 수 있다. 이에 따르면 법적 인격으로 인정되어야 법적 주체가 될 수 있고 그에 따라 법적 권리를 갖거나 의무를 부담할 수 있다.

이때 흥미로운 점은 법은 권리 주체의 전제로서 '인간(human)'이 아닌 '인격(person)' 개념을 사용한다는 점이다. 근대 시민 혁명 이후에 형성되어 오늘날에도 여전히 법체계의 근간이 되는 근대 법체계는 법적 주체가 되는 개념으로 인간이 아닌 인격을 선택했다(星野英一, 1998). 물론 프랑스 인권 선언 이래 기본적으로 모든 인간은 인격을 지닐 수 있지만 여기에는 다음과 같은 전제가 깔려 있다. 실천이성을 제대로 발휘할 수 있는 자율적인 인간만이 온전하게 법적 인격을 취득할 수 있다는 것이다. 이로 인해 여성이나 아동은 실천이성을 제대로 발휘하지 못한다는 이유에서 오랫동안 법적 인격을 완전하게 취득하지 못했다. 다만 오늘날에는 '인권법(human rights law)'이 독자적인 법 영역으로 자리매김하면서 인간 그 자체가 권리 주체로 부각되기도 한다.

법적 인격은 법체계에서 다음과 같은 기능을 수행한다(양천수, 2025). 먼저 법적 인격은 법적 인격을 취득한 주체를 보호하는 기능을 수행한다. 이를테면 법적 인격이 되는 주체에 법적 권리를 부여하여 그를 보호하는 것이다. 다음으로 법적 인격은 손해배상책임이나 형사책임과 같은 각종 책임을 법적 인격을 지닌 주체에게 귀속하는 기능을 한다. 이를 '책임귀속 기능'이라고 말한다(양천수, 2022). 나아가 특정한 주체에게 법적 인격을 부여함으로써 그 주체의 상대방을 보호할 수 있다. 이는 위에서 말한 책임귀속 기능과 연결된다. 예를 들어 특정한 주체가 법적 인격을 획득하여 주체가 되면 그는 피해를 준 상대방에게 손해를 배상해야 하는 의무를 부담한다. 이를 통해 피해를 본 상대방은 법적으로 보호된다.

다원적 인격 모델

주목해야 할 점은 법적 인격은 고정되고 단일한 개념이 아니라는 것이다. 우리 삶이, 우리 사회 구조가 끊임없이 변하는 것처럼 법적 인격 역시 변해 왔다. 그러면 법적 인격은 어떻게 변해 왔을까? 이를 한마디로 말하면 법적 인격 개념은 우리 인류와 사회 그리고 법이 진보하면서 그 범위가 지속적으로 확장되어 왔다는 것이다. 예전에는 법적 인격으로 인정받지 못했던 존재들이 사회가 발전하면서 온전한 인격체로 인정된다. 노예나 여성, 아동 등이 대표적인 예다. 새롭게 창조된 법적 인격도 있다. 회사와 같은 법인(juristische Person)이 그 예다(양천수, 2018). 이는 법적 인격이 시간과 지역에 따라 달리 설정될 수 있는 개념임을 보여 준다. 말하자면 법적 인격에 관해 다원적 모델을 생각할 수 있는 것이다. 이에 관해 크게 두 가지 인격 모델을 제안할 수 있다. 인간중심적 모델과 탈인간중심적 모델이 그것이다(양천수, 2018).

인간중심적 모델

인간중심적 모델은 자연적 인간 개념에 바탕을 두어 인격 개념을 설정한다. 따라서 인간은 살아 있는 동안에는 법적 인격으로서 권리 주체가 된다(「민법」 제3조). 이때 인간 개념과 인격 개념이 원칙적으로 구별되면서도 서로 연결된다는 점에 주목할 필요가 있다(양천수, 2018). 지금까지 우리가 사용한 법적 인격 개념은 인간중심적 모델에 기반을 둔 것이었다. 인간중심적 모델에 따라 법적 인격 개념을 판단할 때는 다음과 같은 요건이 중요한 역할을 한다.

먼저 인격을 부여받을 주체가 자연적 인간이어야 한다. 인간이 아닌 존재, 가령 동물이나 인공지능은 인간중심적 모델에 따르면 인격을 부여받을 수 없다. 예를 들어 도롱뇽은 법적 권리의 주체가 될 수 없다. 도롱뇽을 당사자로 하여 소를 제기하는 것도 허용되지 않는다. 다음으로 실천이성을 지닌 인간으로서 자율적인 의사 결정을 할 수 있어야 한다. 물론 현실적으로 반드시 자율적인 존재여야 하는 것은 아니다. 자율적인 존재가 될 잠재성을 갖추기만 해도 인격을 부여받을 수 있다. 따라서 정신 장애를 앓는 사람도 법적 인격으로 인정된다.

탈인간중심적 모델

이에 반해 탈인간중심적 모델은 인격 개념을 자연적 인간 개념에서 분리한다. 자연적 인간이 아니어도 인격을 부여받을 수 있도록 하는 것이다. 탈인간중심적 모델에 따르면 자연적 인간뿐만 아니라 특정한 체계(system), 즉 회사와 같은 사회적 체계나 인공지능과 같은 기계적 체계도 일정한 요건을 충족하면 인격 개념에 포섭될 수 있다. 그 점에서 탈인간중심적 모델은 인간중심적 모델보다 포괄적으로 법적 인격을 설정한다. 탈인간중심적 모델은 다음과 같은 경우에 법적 인격을 부여한다(양천수, 2018).

첫째, 특정한 존재가 사회에서 진행되는 소통에 참여할 수 있어야 한다. 이때 소통에 참여한다는 것은 발신자로서 소통을 구성하는 정보를 표시하거나 수신자로서 이를 받아들인다는 것을 뜻한다. 둘째, 이러한 존재가 자율적인 존재여야 한다. 다만 자율성에 관해서는 검토해야 할 문제가 있다. 셋째, 이러한 존재는 그 존재가 아닌 것과 구별될 수 있어야 한다. 달리 말해 존재와 환경의 경계가 명확하게 획정될 수 있어야 한다.

인공지능과 탈인간중심적 모델

탈인간중심적 모델에 따르면 특정한 인공지능이 위에서 말한 세 가지 요건을 충족할 때 법적 인격을 인정받을 수 있다. 달리 말해 법적 주체가 될 수 있다. 그러나 이에 관해 한 가지 짚어 보아야 할 문제가 있다. 자율성에 관한 문제가 그것이다. 인공지능이 법적 인격을 취득하려면 자율성을 갖고 있어야 한다. 그런데 이때 말하는 자율성이란 무엇인지, 과연 어느 정도의 자율성을 지녀야 법적 인격을 획득할 수 있는지 문제가 된다. 하지만 이를 판단하는 것은 쉽지 않다. 최근에는 인간 역시 자율적인 존재가 아니라는 뇌과학자의 주장도 제기되고 있기 때문이다(부케티츠, 2009). 따라서 이 문제를 해결하려면 법적 인격을 취득하는 데 필요한 자율성이란 무엇인지 근원적으로 성찰할 필요가 있다.

다만 현재 인공지능이 도달한 발전 상황을 고려하면 다음과 같은 시사점은 얻을 수 있다. 지능적 역량을 기준으로 인공지능은 크게 세 가지로 구별된다. 약한 인공지능, 강한 인공지능, 초인공지능이 그것이다(커즈와일, 2006). 약한 인공지능은 아직 인간과 동등한 지능적 역량을 갖추지 못한 인공지능을 말한다. 이에 반해 강한 인공지능은 인간과 동등한 지능적 역량을 갖춘 인공지능을 뜻한다. 그리고 초인공지능은 인간의 지능적 역량을 초월한 인공지능을 지칭한다. 이 가운데서 자율성을 획득한 강한 인공지능과 초인공지능에는 손쉽게 법적 인격을 부여할 수 있을 것이다. 그러나 강한 인공지능과 초인공지능은 아직은 실현되지 않은 미래의 일이기에 지금 당장 문제가 된다고 말하기 어렵다.

현실적으로 문제가 되는 것은 약한 인공지능이다. 현재 우리가 획득한 인공지능은 여전히 약한 인공지능에 머물러 있다고 볼 수 있기 때문이다. 약한 인공지능에도 법적 인격을 부여하는 것을 고려할 수는 있다. 그렇지만 다음과 같은 이유에서 약한 인공지능에 확고하게 법적 인격을 인정하기는 쉽지 않다. 약한 인공지능은 인간과 동등한 자율적 판단을 할 수 없다는 점에서, 특히 스스로 목표를 설정하면서 왜 이 목표를 추구해야 하는지 반성적으로 판단할 수 없다는 점에서 자율성 요건을 충족한다고 말하기 어렵다. 물론 이 문제는 자율성을 어떤 기준으로 판단하는가에 따라 달라질 수 있다. 엄격한 기준으로 자율성을 판단하면 약한 인공지능은 자율성을 지닌다고 말하기 어렵지만, 자율성을 느슨하게 판단하면 약한 인공지능도 어느 정도는 자율성이 있다고 말할 수 있기 때문이다. 예를 들어 목표를 수행하기 위해 의도적인 거짓말도 할 수 있는 인공지능이라면 약한 의미의 자율성을 인정할 수 있지 않을까(하라리, 2024).

인공지능에 법적 인격을 인정할 필요가 있을까

두 모델 중에서 어떤 모델이 타당할까? 이 물음에 확고한 대답을 내놓기는 어렵다. 법적 인격 개념을 설정하는데 무엇이 가장 타당한 기준이 되는가에 관한 '상위 규칙'은 존재하지 않기 때문이다. 법적 인격의 역사가 보여 주는 것처럼 이는 각 시대의 상황에 적합하게 그 개념과 요건이 제시되었을 뿐이다. 다만 한 가지 경향을 찾는다면 법적 인격 개념은 인간중심적인 한계에서 벗어나 계속해서 확장되어 왔다는 점이다. 이를 고려하면 인공지능과 같은 체계가 상당 부분 인간과 유사한 기능을 수행하는 현시점에서는 탈인간중심적 모델을 선택하는 것도 가능하지 않을까 진단해 본다. 이를 반영하듯 인공지능 인격과 유사한 'AI 에이전트'를 인정하는 견해도 있다(이

경전, 2024).

그렇지만 인공지능의 법적 인격 문제를 판단할 때는 다음을 고려해야 한다. 인공지능에 법적 인격을 인정할 수 있는가의 문제와 이를 인정할 필요가 있는가의 문제는 구별해야 한다는 것이다(양천수, 2025). 이를테면 이론적으로 인공지능에 법적 인격을 인정할 수 있지만, 이를 인정하지 않아도 다른 법적 제도나 장치로 인공지능에 관한 문제를 해결할 수 있다면 굳이 인공지능에 법적 인격을 인정하지 않아도 된다는 것이다. 이러한 사고방식은 인공지능의 법적 문제를 해결하는 데 유용하다. 각각의 법 영역에 따라 인공지능에 법적 인격을 인정할 필요가 있는가의 문제를 개별적으로 판단할 수 있기 때문이다.

참고문헌

레이 커즈와일. 김명남·장시형 옮김(2006). 『특이점이 온다: 기술이 인간을 초월하는 순간』, 김영사.

양천수(2016). 탈인간중심적 법학의 가능성: 과학기술의 도전에 대한 행정법학의 대응. ≪행정법연구≫, 46, 1-24쪽.

양천수(2018). 현대 지능정보사회와 인격성의 확장. ≪동북아법연구≫, 12(1), 1-26쪽.

양천수(2022). 『책임과 법』, 박영사.

양천수(2025). 『인공지능법학』, 박영사.

유발 하라리. 김명주 옮김(2024). 『넥서스』, 김영사.
이경전(2024). 『AI 에이전트와 사회 변화』, 커뮤니케이션북스.
프란츠 M. 부케티츠. 원석영 옮김(2009). 『자유의지, 그 환상의 진화』, 열음사.
星野英一(1998). 『民法のすすめ』, 岩波新書.

05

인공지능의 위험

인공지능은 양날의 검이다. 사회의 혁신을 가져다줄 뿐만 아니라 사회를 위협하는, 심지어 파괴할 수 있는 위험도 지닌다. 데이터와 알고리즘에 관한 위험이 대표적이다. 그뿐만 아니라 인공지능은 인간을 대신해 새로운 사회의 지배자가 될 위험도 지닌다.

AI와 아이돌?

인공지능의 이중성

인공지능 혁신은 양날의 검처럼 두 얼굴을 지닌다. 인공지능 혁신은 한편으로는 사회 전체의 효용을 증가시킨다. 인류는 인공지능 덕분에 더 편리한 삶을 살 수 있다. 그렇지만 다른 한편으로는 인간과 사회를 위협하는, 심지어 사회 전체를 파괴할 위험도 지닌다. 데이터와 알고리즘에 관한 위험이 그 예다. 인공지능은 인간을 대신해 새로운 사회의 지배자가 될 수 있다고 경고하는 목소리도 들린다(하라리, 2024). 반대로 인공지능이 너무 잘 작동해 인류에게 위험이 되는 경우도 발생한다. 인간의 역량을 뛰어넘는 인공지능 때문에 인간이 필요 없는 사회가 도래할 수 있다는 것이다(카플란, 2016).

인공지능의 구성 요소와 위험

인공지능이 지닌 위험은 여러 기준으로 분석하고 유형화할 수 있다. 아래에서는 인공지능이 어떻게 구성되고 우리 사회에서 어떻게 사용되는지를 기준으로 위험을 살펴보겠다.

인공지능이 성공적으로 구현되고 사용되려면 하드웨어와 소프트웨어, 개인 정보를 포괄하는 빅데이터 및 인공지능의 사회적 이용이라는 요소가 필요하다. 이때 하드웨어에서 중심이 되는 것은 우리가 흔히 아는 반도체 기술이다. 최근에는 인공지능 반도체가 중요한 기술이자 경제의 성장 동력으로 자리매김한다. 반도체 기술이 비약적으로 발전하면서 인공신경망을 기반으로 한 딥러닝도 구현될 수 있었다. 딥러닝을 가동하려면 엄청난 양의 계산을 뒷받침할 수 있는 반도체 기술이 필요하기 때문이다. 소프트웨어는 알고리즘을 중심으로 하는 프로그래밍 기술을 말한다. 이 가운데서 인공지능을 가동하는 데 중요한 지위를 차지하는 동시에 오늘날 현실적인 위협이 되는 것은 '알고리즘(algorithm)'이다.

인공지능 데이터와 개인 정보 침해 위험

인공지능이 원활하게 가동하기 위해서는 우리의 개인 정보를 포함하는 엄청난 양의 데이터, 즉 빅데이터가 필요하다. 아이디어로 제시된 인공신경망 인공지능 모델이 오랫동안 구현되지 못했던 이유는 바로 인공지능 학습에 필요한 데이터가 충분히 마련되지 못해서였다. 그런데 빅데이터를 수집하고 이용하는 과정에는 개인 정보 침해 위험이 존재한다. 우리가 원치 않은 데이터 이용, 즉 정보 주체의 동의를 받지 않은 개인 정보 수집 · 이용이나 프로파일링과 같은 문제가 발생할 수 있다(양천수, 2016).

물론 엄격한 사전 동의 방식의 개인정보자기결정권을 제도화한 우리의 「개인정보보호법」 아래에서는 상대적으로 이러한 문제가 발생하지 않는다(「개인정보보호법」 제15조 제1항). 오히려 이처럼 개인 정보를 엄격하게 보호하기에 인공지능을 개발하고 학습시키는 데 필요한 데이터를 확보하기가 어렵다는 문제가 제기된다. 그 때문에 인공지능 학습에 필요한 빅데이터를 구축하고 이용할 수 있도록 개인정보자기결정권을 완화해야 한다는 요청이 지속적으로 제기된다(이성엽 외, 2023). 반대로 우리와 같은 방식의 개인정보자기결정권을 채택하지 않는 미국에서는 빅데이터 형성 및 이용을 강조하는 탓에 개인 정보가 침해되고 남용되는 사례가 급증한다. 그리하여 유럽 연합이나 우리처럼 사전 동의 방식의 개인정보자기결정권을 도입해야 한다는 주장이 제시되기도 한다(오닐, 2017).

인공지능 알고리즘의 위험

알고리즘은 보통 특정한 문제를 해결하는 데 사용되는 절차의 집합으로 정의된다(스타이너, 2016). 달리 말해 문제를 푸는 데 필요한 추론 규칙의 집합으로 볼 수 있을 것이다. 알고리즘은 이미 오래전부터 인공지능과 무관하게 수학 영역에서 발전해 왔다. 알고리즘이라는 용어 자체가 9세기에 활동했던 페르시아의 수학자 콰리즈미(Al-Khwarizmi)에서 유래한다는 점이 이를 예증한다(스타이너, 2016).

인공지능에 적용되는 알고리즘은 크게 두 가지 위험을 지닌다. 첫 번째 위험으로 알고리즘이 오작동하여 발생하는 위험을 들 수 있다(스타이너, 2016). 알고리즘이 잘못된 정보를 제공하거나 정확하지 않게 결정하여 개인이나 사회에 위험을 야기하는 것이다. 예를 들어 인공지능 알고리즘이 선거 운동 기간 가짜 뉴스를 제공하여 선거를 혼란스럽게 할 수 있다(하라리, 2024). 주식 거래를 할 때 알고리즘이 오작동하여 주식 시장에 혼란을 일으킬 수 있다(스타이너, 2016). 알고리즘이 딥페이크 성폭력물을 생성해 유포함으로써 피해자의 인격권을 침해하는 것도 이러한 예로 볼 수 있다.

두 번째 위험으로 알고리즘의 '편향(bias)' 위험을 들 수 있다(오닐, 2017). 이때 말하는 편향 위험은 근거가 없는 차별, 헌법학의 용어로 바꾸어 말하면 합리적이지 않은 차별 위험을 뜻한다(정주백, 2024). 예를 들어 단지 인종적인 차이만으로 유색인과 백인에 대한 신용 평가를 달리하거나 여성이라는 이유만으로 후보자의 역량과는 상관없이 면접에서 탈락시키는 것 등을 언급할 수 있다. 따라서 알고리즘의 편향 위험은 알고리즘이 합리적 근거 없이 특정한 대상을 차별하는 위험을 뜻한다.

알고리즘의 편향성은 다음과 같은 문제를 유발한다. 이를테면 알고리즘의 평가 대상이 되는 사람 등을 합리적 근거 없이 포용하거나 배제한다. 문제는 배제라는 결과에서 나타난다. 이러한 배제 결과 때문에 알고리즘의 편향으로 차별되는 대상들은 특정한 사회적 영역에 참여할 기회가 박탈된다. 사회적 참여에서 배제되는 것이다. 인공지능에 적용되는 알고리즘은 통상 수학으로 구현되기에 이렇게 편향을 지닌 알고리즘을 '대량살상 수학무기(WMD, Weapons of Math Destruction)'로 규정하며 우려와 비판의 대상으로 보기도 한다(오닐, 2017). 인공지능에 내재한 알고리즘이 사회의 거의 모든 영역에서 편향을, 차별을, 포용과 배제를 강화한다는 것이다.

인공지능의 사회적 이용에 따른 위험

인공지능의 위험은 인공지능이 사회 각 영역에서 사용되면서 구체화되고 심화한다. 먼저 인공지능이 사회에서 사용될 때 오작동하여 인간의 생명과 안전을 직접 위협하는 경우를 들 수 있다. 예를 들어 자율주행 자동차처럼 인공지능 기술과 자동차가 결합하여 실제 도로를 운행할 때 이러한 문제가 발생할 수 있다. 알고리즘의 부정확성 문제 등으로 교통사고를 일으켜 자율주행 자동차 탑승자나 보행자가 사고를 당하는 것이다(양천수, 2023). 의료 인공지능이 오진하거나 잘못된 처방을 내려 환자의 생명이나 안전을 위협하는 경우도 거론할 수 있다. 법률 인공지능이 판례를 잘못 찾거나 잘못된 법적 해결 방안을 제시하여 의뢰인이 손해를 입거나 소송에서 패소하는 예도 떠올릴 수 있다.

알고리즘의 편향성은 사회에 내재하는 비합리적인 포용/배제 문제를 강화할 수 있다(양천수, 2016). 이러한 문제는 사회의 거의 모든 영역에서 발생할 수 있다. 교육, 대학 평가, 형사 사법, 채용, 금융 거래, 정치 영역에서 비합리적인 편향성에 기반을 둔 포용/배제가 심화할 수 있다. 반대로 인공지능이 기능 면에서 성공적으로 작동함으로써 오히려 인간에게 위험을 창출하는 경우를 들 수 있다. 인공지능이 인간을 대신함으로써 인간의 일자리가 위협받는 경우가 그 예다. 인간의 노동 시장이 인공지능의 노동 시장으로 대체되는 것이다(카플란, 2016).

이보다 좀 더 큰 위험은 인공지능이 인간을 대신해 인

간을 지배하는 것이다. 인공지능은 방대한 개인 정보를 신속하고 효과적으로 분석함으로써 개별 인간을 완벽하게 감시할 수 있다. 감시는 현재나 과거에만 머물지 않는다. 인공지능은 예측 능력을 활용하여 개별 인간의 미래 행동까지 예측할 수 있다(양천수, 2016). 이로 인해 개별 주체의 일거수일투족이 감시되고 통제되는 완벽한 인공지능 감시 사회가 펼쳐질 수 있다. 이는 안전을 최우선적으로 보장하는 안전 사회 구상을 통해 정당화될 수 있다(징엘슈타인 · 슈톨레, 2012).

참고문헌

양천수(2016). 『빅데이터와 인권』, 영남대학교출판부.

양천수(2016). 현대 안전사회와 법적 통제: 형사법을 예로 하여. ≪안암법학≫, 49, 81-127쪽.

양천수(2023). 자율주행자동차에 관한 법정책의 방향: 의의·위험·규제. ≪모빌리티연구≫, 3(2), 53-72쪽.

유발 하라리. 김명주 옮김(2024). 『넥서스』, 김영사.

이성엽 외(2023). 『데이터와 법』, 제2판, 박영사.

정주백(2024). 『평등의 모순』, 충남대학교출판문화원.

제리 카플란. 신동숙 옮김(2016). 『인간은 필요 없다』, 한스 미디어.

캐시 오닐. 김정혜 옮김(2017). 『대량살상 수학무기』, 흐름출판.

크리스토퍼 스타이너. 박지유 옮김(2016). 『알고리즘으로 세상을 지배하라』, 에이콘.

토비아스 징엘슈타인·피어 슈톨레. 윤재왕 옮김(2012). 『안전사회: 21세기의 사회통제』, 한국형사정책연구원.

06
인공지능 규제 설계

인공지능에 의한 혁신을 유지하려면 인공지능이 지닌 위험을 적절하게 규제해야 한다. 이때 규제란 무엇인지, 규제의 유형에는 무엇이 있는지, 인공지능에는 어떤 규제를 설계해 적용해야 하는지 검토할 필요가 있다.

AI와 야구?

인공지능 규제 방식의 유형화

인공지능이 주도하는 혁신을 유지하려면 인공지능이 지닌 위험을 적절하게, 즉 혁신과 조화를 이룰 수 있도록 규제할 필요가 있다. 이를 위해 인공지능에는 어떤 규제 방식을 설계해 적용해야 하는지 검토해야 한다. 인공지능이 지닌 위험을 윤리나 법과 같은 규범으로 규제할 때는 몇 가지 고려해야 하는 사항이 있다. 혁신과 안전, 포용이 그것이다.

먼저 인공지능의 위험을 규제할 때는 가능한 한 인공지능이 주도하는 혁신을 저해하지 않도록 해야 한다. 다음으로 인공지능 위험에 대한 '안전(safety)'을 고려해야 한다. 인공지능 위험이 실현되어 사람들의 권리나 사회 전체의 공리 등을 훼손하지 않도록 해야 한다. 나아가 '포용(inclusion)'을 고려해야 한다(권은정 외, 2020; Luhmann, 2009). 인공지능이 주도하는 혁신에서 배제되는 사람들이 없도록 해야 하고 혹시라도 배제되는 이들이 있는 경우에는 이들이 사회적 영역으로 다시 포용될 수 있도록 해야 한다.

인공지능이 지닌 위험을 적절하게 예방하고 관리하기 위해서는 어떤 규제 방식을 선택해야 할까? 세 가지 논점을 살펴볼 필요가 있다. 첫째, 이러한 문제를 법이라는 강력한 규제 방식으로 다루어야 하는지 판단해야 한다. 둘째, 기존의 법적 규제 체계가 이러한 문제를 해결할 수 있는 역량을 충분히 갖추고 있는지 검토해야 한다. 셋째, 기존의 법적 규제 체계가 이러한 문제를 해결하는 데 한계가 있다면 어떻게 새로운 규제 방안을 설계해야 하는지 살펴보아야 한다. 아래에서는 국가와 같은 규제 당국이 선택할 수 있는 규제 방식을 유형화함으로써 인공지능에 어떤 규제 방식을 적용하는 게 적절한지 살펴보겠다(양천수, 2021).

자율 규제와 타율 규제

첫째, 자율 규제와 타율 규제를 구별할 수 있다. 자율 규제는 인공지능이 유발하는 위험이나 갈등을 인공지능 개발자나 사업자, 활용자 등이 자율적으로 해결하도록 하는 방식이다. 이에 관한 가장 좋은 방식은 위험 문제가 발생하지 않도록 인공지능을 완벽하게 설계하고 운용하는 것이다. 예를 들어 인공지능에 적용되는 알고리즘이 편향성을 갖지 않도록 설계, 운용 및 조정하는 것을 들 수 있다. 그동안 활발하게 논의되었던 인공지능 윤리가 대표적인 자율적 규제 방안에 해당한다(선지원, 2019). 이에 대해 타율 규제는 법과 같은 강제적인 규제 수단을 마련하여 인공지능 개발자나 사업자, 활용자 등이 타율적으로 인공지능이 유발하는 위험을 규율하도록 하는 방안이다.

행위 중심적 규제와 결과 중심적 규제

둘째, 행위 중심적 규제와 결과 중심적 규제를 구별할 수 있다. 이는 형법학에서 많이 사용되는 '행위불법(Handlungsunrecht)'과 '결과불법(Erfolgsunrecht)'이라는 구별을 원용한 것이다(심재우, 1982). 행위 중심적 규제는 인공지능이 수행하는 행위 또는 결정 그 자체가 위법한지에 초점을 맞추는 규제 방식을 말한다. 예를 들어 알고리즘이 편향적인 결정을 하는 경우 그 자체를 일종의 차별 금지 위반으로 문제 삼아 규제하는 것이다. 또한 인공지능이 투명성이나 설명 가능성이라는 요청을 이행하지 않는 경우 이를 규제하는 방식도 행위 중심적 규제에 포섭할 수 있다(심우민, 2018). 이에 반해 결과 중심적 규제는 인공지능이 작동하여 산출한 결과가 사람의 권리 등을 침해할 때 규제하는 방식을 말한다. 예를 들어 알고리즘의 편향성으로 인해 특정한 개인의 권리가 침해당한 때 이러한 권리 침해를 민법의 불법 행위 등으로 문제 삼는 것을 들 수 있다(민법 제750조). 또한 자율주행 자동차가 자율주행 도중 교통사고를 일으켜 보행자의 권리를 침해한 경우 법적 규제를 가하는 것도 결과 중심적 규제의 예가 된다. 행위 중심적 규제와 결과 중심적 규제라는 구별은 특히 알고리즘 편향성 문제를 어떤 방식으로 규율하는지에 관해 유익한 시사점을 제공한다.

사전적·현재적·사후적 규제

셋째, 사전적 규제, 현재적 규제 및 사후적 규제를 구별할 수 있다. 이는 '시간성'을 규제 방식에 적용한 것이다(양천수, 2023). 사전적 규제는 인공지능이 문제를 유발하기 전에, 가령 법 규범을 위반하는 행위 또는 결정을 하거나 위법한 결과를 산출하기 이전에 인공지능의 위험을 규제하는 방식을 말한다. 이에 관한 예로 인공지능 윤리와 같은 연성 규범(soft law)으로 인공지능을 규제하는 것을 들 수 있다. 또한 '영향 평가(impact assessment)'와 같은 규제 수단을 사전에 거치도록 하는 것도 사전적 규제 방식의 예로 꼽을 수 있다. 인공지능을 설계하는 단계부터 완전성을 추구하는 것, 즉 인공지능에 '설계주의'를 적용하는 것도 사전적 규제 방식으로 말할 수 있다(成原慧, 2016).

현재적 규제는 인공지능이 현재 특정한 행위 또는 결

정으로 법 규범을 위반하고 있거나 위법한 결과를 산출하는 경우 이를 규제하는 방식을 말한다. 요컨대 현재 진행되는 규범 위반을 즉각적으로 규제하는 것이 현재적 규제다. 「도로교통법」에서 흔히 사용하는 속도 제한 규제가 가장 대표적인 현재적 규제에 해당한다. 또는 인공지능이 작동할 때 투명성 요청에 따라 투명하게 작동하게끔 하는 것도 현재적 규제에 포함할 수 있다.

사후적 규제는 인공지능이 작동하는 과정에서 위법한 결과를 산출한 경우, 다시 말해 특정한 결과를 야기한 시점 이후에 이를 규제하는 방식을 말한다. 이는 전통적인 법에서, 그중에서도 「책임법」이 즐겨 사용하는 규제 방식이다(양천수, 2022). 이를테면 「민법」의 불법 행위 책임이나 「형법」의 형사 책임은 모두 특정한 불법 행위나 범죄 행위가 발생한 이후에 책임법적 규제를 가한다. 이러한 사후적 규제는 인공지능이 유발한 위법한 결과에도 적용할 수 있다. 가령 의료 인공지능이 환자를 치료하는 과정에서 오진을 하고 이로 인해 환자의 생명이나 신체 등이 훼손되는 경우 사후적 규제를 적용할 수 있다. 이때 「민법」의 불법 행위 책임을 적용하거나 「제조물 책임법」의 제조물 책임 법리를 적용할 수도 있다(이종구, 2020). 만약 인공지능에 이러한 사후적 규제만을 적용하는 경우에는 기존의 법체계가 마련한 규제 장치만으로 충분할 수 있다.

결과 비난 규제와 반성적 규제

넷째, 결과 비난 규제와 반성적 규제를 구별할 수 있다. 결과 비난 규제는 법 규범이 흔히 사용하는 규제 방식으로, 가령 수범자가 법 규범을 위반한 경우 그 위반에 불이익한 제재를 가하는 규제 방식을 떠올릴 수 있다. 결과 비난 규제는 규제를 준수해야 하는 이가 저지른 위법 행위를 비난하는 데 초점을 둔다. 반대로 반성적 규제는 법 규범을 위반한 수범자가 이후 법 규범을 제대로 준수하도록 규제하는 것을 말한다. 규제를 준수해야 하는 이가 반성하게끔 규제 수단을 적용한다는 점에서 반성적 규제라 말할 수 있다.

영역적 규제와 포괄적 규제

다섯째, 영역적 규제와 포괄적 규제를 구별할 수 있다. 영역적 규제(vertical regulation)는 규제 대상이 되는 영역을 특정 및 제한하여 이에 관해서만 규제하는 방식을 말한다. 이에 대해 포괄적 규제(horizontal regulation)는 규제 대상이 되는 영역 가운데 특정 부분에만 한정해 규제하는 대신 대상 영역 모두를 규제하는 방식을 말한다. 인공지능을 예로 들면, 가령 법률 인공지능, 의료 인공지능, 자율주행 자동차를 각각 구별하여 규제를 적용하는 방식이 영역적 규제라면, 인공지능 그 자체를 모두 규제 대상으로 설정하는 방식이 포괄적 규제다. 유럽 연합「인공지능법」이 받아들인 규제 방식이 포괄적 규제에 해당한다.

규범적 규제와 아키텍처 규제

여섯째, 규범적 규제와 아키텍처 규제를 구별할 수 있다. 규범적 규제는 법과 같은 규범적 수단을 사용하는 규제를 뜻한다. 이에 대해 아키텍처 규제(architectural regulation)는 물리적인 공간의 벽이나 디지털 영역의 코드(code)처럼 기술적·물리적 차원에서 이루어지는 규제를 뜻한다(손형섭 외, 2023). 달리 '넛지 규제'로도 부를 수 있다. '설계주의'도 이러한 규제 방식을 지향한다.

참고문헌

권은정 외(2020).『지능화 혁명 시대의 위험 통제 및 기술 수용을 위한 법제도 체계 전환에 관한 연구』, 정보통신정책연구원.

선지원(2019). 유럽 HLEG 인공지능 윤리 가이드라인과 지능정보사회 이용자보호 정책의 비교. ≪디지털 윤리≫, 3(1), 59-71쪽.

손형섭 외(2023). 『디지털 전환 시대의 법이론: 위험과 변화 그리고 대응』, 박영사.
심우민(2018). 알고리즘 투명성에 대한 규범적 접근방식. ≪디지털 윤리≫, 2(1), 1-12쪽.
심재우(1982). 형법에 있어서 결과불법과 행위불법. ≪법학논집≫(고려대), 20, 127-170쪽.
양천수(2021). 지능정보기술의 위험과 법적 대응 방안: 알고리즘에 대한 대응을 중심으로 하여. ≪법학연구≫(충북대), 32(1), 351-384쪽.
양천수(2022). 『책임과 법』, 박영사.
양천수(2023). 법과 시간: 판례 변경의 필요성과 기준을 예로 하여. ≪영남법학≫, 57, 187-216쪽.
이종구(2020). 자율주행자동차와 제조물 책임에 관한 연구: 최근 자동차관리법 일부 개정에 즈음하여. ≪법학논총≫(국민대), 32(3), 55-96쪽.
成原慧(2016). アーキテクャの自由の再構築. 松尾陽 編. 『アーキテクャと法』, 弘文堂.
Niklas Luhmann(2009). *Einführung in die Theorie der Gesellschaft*, Heidelberg: Carl-Auer Verlag.

07
윤리를 통한 인공지능 규제

인공지능 규제에 관해서는 윤리가 우선적으로 논의되었다. 윤리는 자율 준수를 전제로 하는 연성 규범이기에 인공지능 혁신과 조화를 이룰 수 있다고 보았기 때문이다. 이에 따라 유엔(UN)을 비롯한 세계 각국은 인공지능 윤리를 정립하는 데 노력을 기울였다.

AI와 윤동주?

윤리를 통한 인공지능 규제의 필요성

먼저 왜 인공지능을 윤리로 규제해야 하는지에 대한 검토가 필요하다. 이러한 문제 제기가 의미가 있는 이유는 인공지능이 야기하는 위험 등 규범적 문제에 법으로 대응하고자 하는 논의, 즉 인공지능에 관한 법적 규제 논의가 법학에서 이미 활발하게 이루어지고 있기 때문이다(양천수, 2017). 윤리보다 더 강력하고 실효성 있는 규제 수단인 법적 규제로 인공지능이 유발하는 규범적 문제를 충분히 다룰 수 있다면 굳이 인공지능 윤리를 논의할 필요가 있을지 의문이 제기된다. 이에는 두 가지 근거를 제시할 수 있다(양천수, 2020).

첫째, 인공지능이 야기하는 규범적 문제에 대응하는 데 법적 규제는 완전하지 않다는 것이다. 가령 법은 기본적으로 규제를 받는 이가 행위(action) 등으로 외부에 야기한 결과를 문제 삼는다(귄터, 2002). 그 점에서 법은 '외부성'을 특징으로 한다. 내면적 동기까지 문제 삼는 윤리나 도덕과는 달리 법은 기본적으로 외부적으로 발생한 결과를 문제 삼는다는 것이다. 이는 무엇보다도 도덕과 법을 구별하는 칸트에서 근거를 찾을 수 있다(귄터, 2002). 칸트는 도덕과 법을 구별하면서 내면적 동기와 자율성을 특징으로 하는 도덕과는 달리 법은 외부적 결과와 강제 가능성을 특징으로 한다고 말한다. 이러한 까닭에 인공지능이 유발하는 규범적 문제를 법적 규제로 완전하게 커버하기는 어렵다. 이를테면 시민들은 자율주행 자동차가 특정한 결과를 일으키기 전에도 이러한 자율주행 자동차에 적용되는 알고리즘이 윤리적으로 볼 때 타당한지 문제 삼을 수 있다. 바로 이러한 근거에서 인공지능에 관한 윤리 문제를 논의할 필요가 있다.

둘째, 인공지능 윤리를 논의하는 이유는 인공지능이 유발하는 규범적 문제를 윤리라는 법보다는 강도가 약한 규제 수단을 이용하여 규제하겠다는 의도에서 찾을 수 있다. 다시 말해 인공지능에 관한 규범적 문제에 윤리를 활용하는 자율 규제로 대응하겠다는 것이다. 이는 법적 규제가 가진 강제성의 문제와 관련을 맺는다.

법적 규제는 외부적으로 발생한 결과를 규제의 출발점으로 삼는 동시에 강제적인 집행 방식을 갖춘 직접적 규제 방식이라는 특징을 지닌다. 이 때문에 법적 규제는 규범적 분쟁에 효과적으로 대응할 수 있다. 시간이라는 측면에서 보면 법적 규제는 단기간에 목표로 하는 효과를 거둘 수 있다. 그렇지만 법적 규제는 규제의 강제성이라는 특징으로 인해 예기치 못한 부작용을 낳기도 한다. 이를 규제 이론가는 '규제의 역설'로 표현하기도 한다(김영평 외, 2006).

그 까닭에 법적 규제는 민법의 불법 행위나 형법의 범죄와 같은 규범적 문제를 규제하기에는 적합하지만, 인공지능 개발과 같이 고도의 창의성을 요구하면서 과학기술 수준이 급격하게 발전하는 영역을 규제하기에는 적합하지 않다는 비판이 제기된다. 이렇게 많은 것이 매순간 변하고 발전하는 영역에는 법적 규제를 철폐하거나 피규제자의 자율성을 전제로 하는 연성 규범(soft law)을 투입해야 한다는 것이다. 이러한 주장을 예증하는 것이 '포괄적 네거티브 규제 전환'이나 '규제 샌드박스(regulatory sandbox)'라 할 수 있다(양천수, 2019).

인공지능 윤리 논의는 바로 이러한 맥락에서 이해할 수 있다. 인공지능처럼 현재 급속하게 발전하는 영역에 강력한 강제 수단을 갖춘 법적 규제를 광범위하게 투입하는 것은 적절하지 않다는 것이다. 따라서 한편으로는 인공지능 기술이 원활하고 혁신적으로 발전할 수 있도록 하면서도, 다른 한편으로 인공지능이 유발하는 규범적 문제에 적절하게 대처하기 위해서는 법적 규제보다 직접성이나 강도가 약한 윤리적 규제를 고려할 필요가 있다.

유네스코 인공지능 윤리 권고

대표적인 인공지능 윤리로 유네스코(UNESCO)가 2021년 11월 유엔 총회에서 채택한 『인공지능 윤리 권고』(이하 '유네스코 인공지능 윤리'로 약칭함)를 들 수 있다(이상욱, 2021). 유네스코 인공지능 윤리는 그때까지 축적된 인공지능 윤리의 논의 성과를 종합적이고 섬세하게 반영한다는 점에서 의미가 있다. 유네스코 인공지능 윤리에서 주목할 만한 점을 선별하면 다음과 같다(양천수, 2021).

첫째, 이론적인 면에서 볼 때 눈에 띄는 점은 유네스코 인공지능 윤리가 가치(value)와 원칙(principle)을 구별한다는 점이다. 가치와 원칙의 관계를 어떻게 설정할 것인지에 관해서는 철학이나 윤리학, 법철학 등에서 다양한 논의가 이루어진다(Alexy, 1985). 이에 관해 유네스코 인공지능 윤리는 꽤 설득력 있게, 아마도 실행 가능한 인공지능 윤리 원칙을 확립하기 위해 가치와 원칙을 개념적으로 구별한다. 그러면서 인간의 존엄성처럼 추상도가 높은 개념은 가치로 설정하고 이보다 그 의미 내용이 좀 더 명확한 개념은 원칙으로 설정한다.

둘째, 유네스코 인공지능 윤리는 인공지능 윤리 원칙을 두 가지로 유형화한다. 첫 번째 유형은 "인간-AI 시스템의 상호 작용과 관련된 특성을 반영하는" 원칙이다. 두 번째 유형은 "AI 시스템 자체의 속성과 관련된 특성을 반영하는" 원칙이다. 첫 번째 유형의 원칙이 인공지능 시스템이 사회에서 가지는 의미와 영향을 규율하는 원칙이라면, 두 번째 유형의 원칙은 인공지능 시스템 자체의 기술적 속성을 규율하는 원칙이라고 말할 수 있다.

셋째, 유네스코 인공지능 윤리는 인간중심적 사고와 생태주의적 사고를 결합한다. 인간중심적 사고를 기본으로 설정하면서도 생태주의적 사고를 함께 고려한다.

넷째, 법학의 관점에서 눈에 띄는 점으로 유네스코 인공지능 윤리는 "AI 시스템"과 "AI 행위자"를 구별한다는 점이다. 그러면서 인공지능 윤리의 책임자는 인공지능 시스템 자체가 아닌 인공지능 행위자가 되어야 한다고 강조한다. 이때 인공지능 행위자는 인공지능을 활용하는 인간 행위자를 뜻한다.

다섯째, 유네스코 인공지능 윤리는 인공지능 윤리 거버넌스에 관해 두 가지를 강조한다. 우선 인공지능 윤리 거버넌스를 구축할 때 다양한 이해관계자를 고려할 것을 강조한다. 이해관계자 중심주의를 받아들이는 것이다. 다음으로 적응적 · 진화적 사고를 수용하여 인공지능 윤리 거버넌스가 사회 변화에 적극 대응해야 한다고 강조한다. 이의 연장선상에서 유네스코 인공지능 윤리는 '절차를 통한 정당화'를 중시하는 절차주의적 사고와 혁신적 사고를 받아들인다.

국가 인공지능 윤리 기준

우리나라의 인공지능 윤리로 2020년 11월에 과학기술정보통신부가 주축이 되어 발표한 『국가 인공지능(AI) 윤리 기준』(이하 '윤리 기준'으로 약칭함)이 있다. 이는 우리 정부가 공식적으로 제시한 인공지능 윤리라는 점에서 의미가 있다. 윤리 기준은 다음과 같이 구성된다(양천수, 2021).

윤리 기준은 가장 높은 목표로 인간성(AI For Humanity)을 설정한다. 이를 기반으로 3대 기본 원칙인 인간 존엄성 원칙, 사회의 공공선 원칙, 기술의 합목적성 원칙이 제시된다. 이어 윤리 기준은 3대 기본 원칙을 실행하는 10대 요건으로 인권 보장, 프라이버시 보호, 다양성 존중, 침해 금지, 공공성, 연대성, 데이터 관리, 책임성, 안정성, 투명성을 제시한다.

윤리 기준은 현재까지 도달한 윤리 · 철학 · 인공지능 논의의 성과를 집약한다. 이를 크게 이론적 측면, 실천적 측면, 상징적 측면, 절차적 측면에서 언급할 수 있다.

이론적 측면에서 윤리 기준은 당대 도달한 이론적 수준과 성과를 집약한다. 실천적 측면에서 윤리 기준은 실무 현장에서 사용할 수 있는 윤리 원칙 및 요건을 중심으로 설계되었다. 상징적 측면에서 윤리 기준은 국가가 인공지능 위험 문제에 관해 정면에서 관심을 보이고 있음을 상징적으로 표현한다. 인공지능 윤리 기준을 과연 국가가 제정할 필요가 있는지에 의문이 제기되기도 하지만 인공지능의 위험이 사회 전체적으로 미치는 영향을 고려할 때, 특히 국가의 기본권 보호 의무와 관련하여 이는 의미가 없지 않다. 절차적인 측면에서 윤리 기준을 제정하는 과정 자체는 반성적 절차를 충실하게 이행한 모범적인 사례라 말할 수 있다.

참고문헌

김영평 외(2006). 『규제의 역설』, 삼성경제연구소.

양천수(2017). 『제4차 산업혁명과 법』, 박영사.

양천수(2019). 제4차 산업혁명과 규제형식의 진화. ≪경제규제와 법≫, 12(2), 154-172쪽.

양천수(2020). 인공지능과 윤리: 법철학의 관점에서. ≪법학논총≫(조선대), 27(1), 73-114쪽.

양천수(2021). 인공지능 윤리의 현황과 과제. ≪인권이론과 실천≫, 29, 67-101쪽.

이상욱(2021). 『유네스코 인공지능(AI) 윤리 권고 해설서』, 유네스코한국위원회.

클라우스 귄터. 김나경 옮김(2003). 형법의 대화윤리적 근거지음의 가능성. 이상돈 엮음. 『대화이론과 법』, 법문사, 152-154쪽.

Alexy, Robert(1985). *Theorie der Grundrechte*, Frankfurt am Main: Suhrkamp Verlag.

08
유럽 연합 인공지능법

윤리만으로 인공지능을 규제하는 데 한계가 있다는 인식이 강화되었다. 이에 유럽 연합은 인공지능을 정면에서 규율하는 포괄적인 「인공지능법」을 제정했다. 유럽 연합 「인공지능법」은 우리가 눈여겨볼 만한 여러 규제 장치를 마련한다.

AI와 한의학?

유럽 연합 「인공지능법」 제정

챗GPT가 출현하면서 인공지능의 위험을 윤리만으로 규제하는 데 한계가 있다는 인식이 강화되었다. 이를 예증하듯 유럽 연합은 인공지능을 정면에서 규율하는 포괄적인 「인공지능법」을 제정했다. 유럽 연합 「인공지능법」이 제정되는 과정을 정리하면 다음과 같다(이성엽 외, 2024).

유럽 연합 인공지능 법안은 유럽 연합 집행위원회가 2021년 4월 21일에 제안했다. 인공지능 법안은 인공지능을 '규정(Regulation)', 즉 법(Act)이라는 경성 규범으로 규율하는 본격적인 포괄적 법안이었기에 전 세계적으로 많은 관심의 대상이 되었다. 우리나라에서도 법안이 제시된 이후 많은 연구가 진행되었다(김중권 2021). 동시에 과연 이러한 법안이 실제로 입법될 수 있는지도 흥미로운 관찰 대상이 되었다.

유럽 연합 집행위원회가 제안한 후 2년 이상이 지난 시점인 2023년 6월 14일, 인공지능 법안은 유럽 의회를 수정 통과한다(정병일, 2023). 찬성 499표, 반대 28표, 기권 93표로 가결되었다. 이때 주시해야 할 부분은 집행위원회 원안이 유럽 의회를 통과하면서 상당 부분 수정 및 보완이 이루어졌다는 점이다(Madiega & Chahri,

2023). 가장 중요한 계기로 두 가지를 들 수 있다.

우선 2022년 11월 오픈에이아이에 의해 챗GPT라는 혁신적인 생성형 인공지능이 출시되었다는 점이다. 챗GPT가 전 세계적인 열풍을 일으키면서 이에 관해 크게 두 가지 문제가 제기되었다. 첫째로 챗GPT가 환각(hallucination)을 유발한다는 것이다. 둘째로 챗GPT 등 생성형 인공지능이 학습을 위해 활용하는 데이터의 저작권 및 개인 정보 침해 이슈가 제기되었다. 집행위원회 원안은 이를 충분히 고려하지 않았기에 유럽 의회 차원에서 이를 보완해야 할 필요가 있었다.

나아가 집행위원회 원안에서는 금지되는 인공지능 실행 유형 중에서도 피해자 보호 등을 이유로 법 집행 기구가 실시간 안면 인식과 같은 '실시간 원격 생체 정보 활용 신원 확인 시스템(real-time remote biometric identification systems)'을 예외적으로 활용할 수 있게 한 것을 둘러싸고 문제가 제기되었다. 이는 시민을 법 집행을 위한 수단으로 전락시킬 수 있다는 것이다(정소영, 2022).

2023년 12월 8일 유럽 의회와 이사회(Council of the Europe)는 인공지능 법안에 최종 합의한다. 이로써 인공지능 법안은 공식 제정을 눈앞에 두게 되었다. 이러한 합의가 의미가 있는 이유는 집행위원회가 제안한 원안에 관해 그동안 유럽 의회와 이사회가 각기 독자적인 수정안을 마련했기 때문이다(한국지능정보사회진흥원, 2023). 이는 그만큼 인공지능 법안에 관해 팽팽한 견해 대립이 존재했다는 점을 시사한다. 무엇보다도 법을 집행하기 위한 목적으로 안면 인식과 같은 실시간 원격 생체 정보 활용 신원 확인 시스템을 예외적으로 활용할 수 있는지에 대해 유럽 의회와 이사회 및 집행위원회는 견해를 달리했다. 그런데 이에 관해 합의가 이루어졌다는 점은 일종의 절충안이 성공적으로 마련되었음을 보여준다.

인공지능 법안은 이러한 합의에 바탕을 두어 2024년 3월 13일 유럽 의회를 다시 통과한다. 제2차 수정 통과다. 유럽 의회의 제2차 수정안은 인공지능에 대한 규제와 혁신을 동시에 강화한다. 최종 합의를 존중하여 한편으로는 금지되는 인공지능 실행의 유형을 확대하면서도 다른 한편으로는 이에 관한 예외도 인정하였다. 그렇지만 전체적으로 인공지능 혁신보다는 규제에 무게 중심을 실었다.

유럽 의회를 두 번째로 통과한 인공지능 법안은 2024년 5월 21일 이사회를 최종 통과하고 2024년 7월 12일 유럽 연합 관보(Official Journal)에 게재됨으로써 최종적으로 제정되었다. 그리고 2024년 8월 1일부터 발효되었다. 다만 주요 규율 내용은 발효 2년 뒤인 2026년 8월 2일부터 시행된다(김중권, 2024).

유럽 연합 규제 체계의 경향

유럽 연합 「인공지능법」은 유럽 연합 규제 체계의 최근 경향을 충실하게 반영한다. 이는 다음과 같다.

첫째, 규제를 설계할 때 위험 기반 접근법(risk based approach)을 취한다. 이는 크게 세 가지 의미를 지닌다. 먼저 규제 대상이 지닌 위험을 평가하여 이를 유형화한다는 것이다. 다음으로 각 위험 유형에 적합한 강도의 규제를 설계 및 투입한다는 것이다. 나아가 사후 지향적(ex post) 규제가 아닌 사전 지향적(ex ante) 규제에 중점을 둔다는 것이다. 이는 위험 자체가 미래 지향적 개념이라는 점과 관계가 있다(양천수, 2015).

둘째, 투명성과 설명 가능성을 중시한다. 규제 대상이 되는 행위 주체, 특히 사회에서 이른바 강자에 속하는 행위 주체가 특정한 행위나 의사 결정을 할 때는 이를 투명하게 그리고 설명 가능하게 해야 한다는 것이다.

셋째, 영향 평가 중에서도 사전 영향 평가를 강조한다. 이는 위험 기반 접근법과 관련이 있다. 위험 기반 접근법을 취하려면 규제 대상이 어떤 위험을 지니는지 평가할 수 있어야 하는데 이때 적용하는 방법이 영향 평가인 셈이다.

넷째, 절차주의적 규제를 즐겨 사용한다. 여기서 절차주의적 규제란 피규제자에 특정한 규제를 해야 한다는 점은 법으로 정하되, 이를 어떻게 구체화하여 적용할 것인지는 피규제자의 자율에 맡기는 규제 방식을 뜻한다(Calliess, 1999).

다섯째, 사후 추적 조사를 강화한다. 인공지능이 시장에 출시된 이후에도 계속해서 그 위험을 감시하는 것이다. 이에 따라 규제가 적용되는 시간적 범위를 확장한다. 과거 · 현재 · 미래, 즉 사후 · 현재 · 사전 모두에 지속적으로 규제를 투입하는 것이다.

유럽 연합 「인공지능법」의 규제 설계

이 같은 경향은 유럽 연합이 「인공지능법」을 제정하는 과정에도 반영되었다.

첫째, 유럽 연합 「인공지능법」(이하 '인공지능법'으로 약칭함)에서 흥미로운 부분은 인공지능을 유형화한다는 것이다. 여기서 유형화의 기준이 되는 것은 바로 인공지능이 지닌 위험이다. 그 점에서 「인공지능법」은 위험 기반 접근법을 받아들인다. 이때 위험의 기준이 되는 것은 인간 존재의 건강, 안전, 기본권에 대한 침해 가능성이다.

둘째, 위험 기반 접근법에 따라 「인공지능법」은 위험을 네 가지로 구별한다. 허용할 수 없는 위험(unacceptable risk), 고위험(high risk), 제한된 위험(limited risk), 저위험(low risk) 또는 최소 위험(minimal risk)이 그것이다(양천수, 2024). 「인공지능법」은 이러한 위험에 대응하여 인공지능을 금지되는 인공지능, 고위험 인공지능, 제한된 위험의 인공지능, 저위험 또는 최소 위험 인공지능으로 구별한다. 이때 인공지능을 유형화하는 방식은 인공지능 시스템 그 자체를 기준으로 하지 않는다는 점을 주의해야 한다. 유럽 연합 집행위원회가 제시한 인공지능 법안 제안 설명(Explanatory Memorandum)에도 나와 있듯 인공지능의 유형화는 기능주의에 바탕을 둔다. 인공지능이 어떻게 사용되고 실행되는지에 따라 인공지능을 유형화한다(EU Commission, 2021).

셋째, 「인공지능법」은 챗GPT와 같은 생성형 LLM에 대응하기 위해 범용 인공지능 모델과 범용 인공지능 시스템이라는 인공지능 유형을 추가한다(「인공지능법」 제5장). 여기서 범용 인공지능 시스템이란 범용 인공지능 모델을 기반으로 하거나 이와 결합하는 인공지능 시스템을 말한다(「인공지능법」 제33조 제66항).

넷째, 「인공지능법」은 규제 모델로 타율 규제와 자율 규제를 혼합한 모델을 채택한다(김광수, 2023). 「인공지능법」은 '지침(Directive)'이 아닌 '규정(Regulation)'이라는 구속력이 가장 강한 규제 형식을 이용한다. 이에 따라 원칙적으로 포괄적이면서 강력한 타율 규제 방식을 취한다. 그렇지만 저위험 또는 최소 위험 인공지능에는 자율 규범인 행동 강령(code of conduct)을 활용한 자율 규제를 적용한다.

다섯째, 「인공지능법」은 포괄적 규제를 채택한다. 포괄적 규제란 인공지능 영역 전반에 걸쳐 투입되는 규제를 말한다. 그 점에서 포괄적 규제는 특정 영역에 한정되어 적용되는 영역적 규제와 구별된다. 「인공지능법」은 이러한 포괄적 규제를 활용함으로써 유럽 연합 역내에서 사용되는 인공지능 시스템 전반을 규제 및 관리하는 포괄적인 프레임워크를 제공한다.

여섯째, 「인공지능법」은 적용 영역 면에서는 포괄적이지만 그렇다고 해서 개입 강도가 획일적인 규제를 취하지는 않는다. 「인공지능법」은 규제 대상의 특성을 고려한 차별화된 규제 방식을 선택한다. 이때 규제 대상의 특성이란 인공지능이 창출하는 위험을 말한다. 요컨대 인공지능의 유형에 따라 규제 강도를 차별화하는 것이다.

「인공지능법」 평가

2024년 8월 1일 발효된 「인공지능법」은 이후 제정될 전 세계의 인공지능법에 중요한 규범적 기준이 될 것이다. 예를 들어 「인공지능법」이 채택한 위험 기반 접근법, 위험에 따른 인공지능 유형화, 유형에 맞춘 차별화된 규제, 범용 인공지능 모델 규제, 규제 수단으로서 영향 평가와 투명성의 강조, 다원적으로 마련된 인공지능 거버넌스, 인공지능 시장 출시 후 지속적 감시 등은 인공지능에 관한 규제를 설계할 때 유익한 참고가 될 것이다.

참고문헌

김광수(2023). 인공지능 알고리즘 규율을 위한 법제 동향: 미국과 EU 인공지능법의 비교를 중심으로. ≪행정법연구≫, 70, 173-201쪽.

김중권(2021). EU 인공지능명령안의 주요 내용과 그 시사점. ≪헌법재판연구≫, 8(2), 65-100쪽.

김중권(2024). 사람이 없는(人空) 人工知能 시대에 공법적 대응. ≪공법연구≫, 53(1), 47-74쪽.

양천수(2015). 위험·재난 및 안전 개념에 대한 법이론적 고찰. ≪공법학연구≫, 16(2), 187-216쪽.

양천수(2024). 유럽 연합 인공지능법과 인공지능 규제. ≪규제법제리뷰≫, 24(1), 127-172쪽.

이성엽 외(2024). 『생성형 AI와 법』, 박영사.

정병일(2023). 인공지능 규제 법안 유럽의회 통과. AI타임스, https://www.aitimes.com/news/articleView.html?idxno=151753

정소영(2022). 형사사법에서의 인공지능 사용에 대한 유럽의회 결의안: '인공지능에 의한 결정' 금지에 관하여. ≪형사정책≫, 34(2), 137-172쪽.

한국지능정보사회진흥원(2023). 『EU 인공지능법 입법현황과 시사점』(지능정보사회 법제도 이슈리포트).

Calliess, Gralf-Peter(1999). *Prozedurales recht*, Baden-Baden: Nomos Verlag.

EU Commission(2021). *Proposal for AI act*.

Madiega, Tambiama & Chahri Samy(2023). *Artificial intelligence act*. European Parliamentary Research Service, https://www.europarl.europa.eu/RegData/etudes/BRIE/2021/698792/EPRS_BRI(2021)698792_EN.pdf

09
우리나라의 인공지능 규제 논의

우리나라에서도 인공지능을 규제하고자 하는 논의가 진행되었다. 유럽 연합 「인공지능법」을 참고한 여러 법안이 국회에 발의되었고 드디어 「인공지능기본법」이 제정되었다. 그 내용은 무엇이고 어떤 특징을 지니는지 검토한다.

AI와 화장품?

21대 국회의 인공지능 법률안

그간 우리나라에서도 윤리, 더 나아가 법으로 인공지능을 규제하고자 하는 논의가 진행되었다. 무엇보다도 유럽 연합「인공지능법」을 참고한 여러 법안이 국회에 발의되었다. 그리고 드디어 우리나라에서도「인공지능기본법」이 제정되었다. 아래에서는 우리가 제정한「인공지능기본법」의 내용은 무엇인지, 여기에는 어떤 특징이 있는지 검토하겠다.

인공지능 법안을 제정하고자 하는 시도는 21대 국회 때부터 이루어졌다. 당시 아직 제정되지 않은 유럽 연합의 인공지능 법안을 모델로 한 인공지능 산업 육성 및 신뢰 기반 조성에 관한 법률안(이하 '인공지능 법률안'으로 약칭함)이 2023년 2월 14일 국회 과학기술정보방송통신위원회에서 위원회 대안으로 통과한 바 있다. 인공지능 법률안은 다음과 같은 내용을 담고 있다(이성엽 외, 2024).

인공지능 법률안은 유럽 연합의 인공지능 법안처럼 위험 기반 접근법을 활용해 인공지능을 유형화했다. 특히 고위험 인공지능에 관해 다음과 같은 규제 방안을 마련했다. 사전 고지 의무 부과, 신뢰성 확보 조치, 위험 관리방안 수립, 최종 결과 도출 과정 설명, 이용자 보호 방안이 그것이다. 다만 유럽 연합 인공지능 법안이 도입하여 논란의 대상이 된 '금지되는 인공지능 실행'은 당시 인공지능 법률안에서는 고려하지 않았다. 그 점에서 당시 인공지능 법률안은 유럽 연합 인공지능 법안에 비해 인공지능 혁신 지원을 좀 더 지향했다고 평가할 수 있다.

22대 국회와 「인공지능기본법」 제정

21대 국회에서 제안된 인공지능 법률안은 국회 본회의를 통과하지 못하고 회기 만료로 폐기되었다. 그렇지만 「인공지능법」에 관한 관심과 의지가 사라진 것은 아니었다. 22대 국회가 개원하면서 다수의 인공지능 법률안이 발의되기 시작하여 2024년 11월까지 모두 19건의 법률안이 발의되었다(김성율, 2024). 이에 2024년 11월 21일 국회 정보통신방송법안심사소위원회는 19건의 법률안을 병합하여 심사한 후 이를 통합 및 조정하는 위원회 대안을 마련했다. 2024년 11월 21일 국회 과학기술정보방송통신위원회는 위원회 대안을 의결했다. 그리고 2024년 12월 26일 드디어 「인공지능 발전과 신뢰 기반 조성 등에 관한 기본법」(이하 '인공지능기본법'으로 약칭)이 국회 본회의를 통과했다(과학기술정보통신부, 2024). 「인공지능기본법」은 2026년 1월 중에 시행될 예정이다.

「인공지능기본법」의 주요 내용

「인공지능기본법」은 "인공지능의 건전한 발전을 지원하고 인공지능 사회의 신뢰 기반 조성에 필요한 기본적인 사항을 규정함으로써 국민의 권익과 존엄성을 보호하고 국민의 삶의 질 향상과 국가 경쟁력을 강화하는 데 이바지할 수 있는 대한민국 인공지능의 새로운 기준을 마련함을 목적"으로 한다(제1조). 「인공지능기본법」의 주요 내용을 살펴보면 다음과 같다.

「인공지능기본법」 제2조는 주요 개념을 정의한다. 이 가운데 다음을 눈여겨볼 필요가 있다. '고영향 인공지능'과 '생성형 인공지능'이 그것이다. 먼저 '고영향 인공지능'이란 "사람의 생명, 신체의 안전 및 기본권에 중대한 영향을 미치거나 위험을 초래할 우려가 있는 인공지능 시스템"을 말한다. 다음 '생성형 인공지능'이란 "입력한 데이터의 구조와 특성을 모방하여 글, 소리, 그림, 영상, 그 밖의 다양한 결과물을 생성하는 인공지능 시스템"을 뜻한다.

「인공지능기본법」은 인공지능 규제에 관해 다음과 같은 규정을 마련한다.

첫째, 「인공지능기본법」은 인공지능 윤리 원칙에 관한 규정을 둔다(제27조). 이에 따르면 "정부는 인공지능 윤리의 확산을 위하여 안전성, 신뢰성, 접근성, 사람의 삶과 번영에의 공헌 등의 사항을 포함하는 인공지능 윤리 원칙을 제정 · 공표"할 수 있다. 이때 "과학기술정보통신부장관은 인공지능 윤리 원칙의 실천 방안을 수립하고 이를 공개 및 홍보 · 교육"해야 한다.

둘째, 「인공지능기본법」은 인공지능 투명성 확보 의무를 규정한다(제31조). 이에 따르면 먼저 "고영향 인공지능 또는 생성형 인공지능을 이용한 제품 또는 서비스를 제공하는 인공지능 사업자는 해당 사실을 이용자에게 사전에 고지"해야 한다. 다음으로 "생성형 인공지능 또는 이를 이용한 제품 또는 서비스를 제공하는 경우 그 결과물이 생성형 인공지능에 의하여 생성되었다는 사실을 표시"해야 한다. 나아가 "인공지능 시스템을 이용하여 실제와 구분하기 어려운 가상의 결과물을 제공하는 경우 그 사실을 이용자가 명확하게 알 수 있도록 고지 또는 표시"해야 한다.

셋째, 「인공지능기본법」은 인공지능 안정성 확보 의무를 규정한다(제32조). 이에 따르면 "인공지능 사업자는 학습에 사용된 누적 연산량이 대통령령으로 정하는 기준 이상인 인공지능 시스템의 안전성을 확보하기 위하여 위험 식별 · 평가 · 완화 등의 사항을 이행"해야 한다.

넷째, 「인공지능기본법」은 고영향 인공지능과 관련한 사업자의 책무를 규정한다(제34조). 이에 따르면 "인공지능 사업자는 고영향 인공지능 또는 이를 이용한 제품 · 서비스를 제공하는 경우 안전성 · 신뢰성을 확보하기 위한 조치를 이행"해야 한다.

다섯째, 「인공지능기본법」은 인공지능 영향 평가를 규정한다(제35조). 이에 따르면 "인공지능 사업자가 고영향 인공지능을 이용한 제품 또는 서비스를 제공하는 경우 사전에 사람의 기본권에 미치는 영향을 평가하기 위하여 노력"해야 한다. 한편 "국가 기관 등이 고영향 인공지능을 이용한 제품 또는 서비스를 이용하려는 경우에는 영향 평가를 실시한 제품 또는 서비스를 우선적으로 고려"해야 한다.

「인공지능기본법」 평가

유럽 연합 규정으로서 상세한 내용을 담는 유럽 연합 「인공지능법」에 비해 우리 「인공지능기본법」은 '기본법'이라는 명칭에 걸맞게 상대적으로 간소한 내용을 담는다. 흥미로운 점은 「인공지능기본법」은 한편으로는 유럽 연합 「인공지능법」처럼 위험 기반 접근법을 받아들이면서도 고위험 인공지능이나 제한된 위험의 인공지능과 같은 개념 대신 고'영향' 인공지능이라는 개념을 채택했다는 것이다. 이는 21대 국회에서 제안된 인공지능 법률안과도 차이가 있다. 범용 인공지능 모델도 별도로 규율하지 않는다. 생성형 인공지능으로 이를 대신한다. 이는 규제에 좀 더 치우친 유럽 연합 「인공지능법」에 비해 우리 「인공지능기본법」이 혁신을 더욱 지향한다는 점을 보여 준다. 이는 인공지능 혁신을 선택하는 인공지능 낙관론의 시각에서는 긍정적으로 평가될 것이다. 반면 인공지능 위험을 강조하는 인공지능 비관론의 시각에서는 유럽 연합 「인공지능법」이 강조하는 금지되는 인공지능 실행이나 고위험 인공지능 등과 같은 개념과 이에 관한 규제를 받아들이지 않은 「인공지능기본법」을 비판적으로 바라볼 것이다.

참고문헌

과학기술정보통신부(2024). 인공지능 산업 육성·규제 근거 마련…'AI기본법' 국회 통과. 정부24, https://www.gov.kr/portal/ntnadmNews/4124183

김성율(2024). 「AI 기본법」 제정안의 주요 내용과 시사점. ≪법률신문≫, https://www.lawtimes.co.kr/LawFirm-NewsLetter/203936

이성엽 외(2024). 『생성형 AI와 법』, 박영사.

10
혁신을 위한 규제를 위하여

우리가 추구해야 하는 인공지능 규제 방향은 혁신과 규제를 적절하게 조화하는 것이다. 일반적으로 혁신과 규제는 서로 충돌한다고 이해된다. 그렇지만 규제를 통한 혁신도 가능하다는 점을 전제로 이에 관한 방안을 모색한다.

종교와 AI?

규제를 통한 혁신 가능성

우리가 추구해야 하는 인공지능 규제 방향은 혁신과 규제를 적절하게 조화하는 것이다. 일반적으로 혁신과 규제는 서로 충돌한다고 이해된다. 그렇지만 규제를 통한 혁신도 가능하다. 자동차 연비 규제를 통해 이루어진 자동차 연비 혁신이 이를 잘 보여 준다. 석유 파동 등으로 자동차 연비 규제가 강력하게 이루어지자 자동차 회사들은 하이브리드 엔진 개발과 같은 연비 혁신으로 이에 대처했다. 최근에는 전 세계적인 탄소 규제에 대응하기 위해 전기차 상용화와 같은 전기차 모빌리티 혁신을 이뤄 내고 있다. 이처럼 규제를 통해 혁신을 이뤄 내는 것은 인공지능에서도 불가능하지는 않다. 물론 이를 위해서는 혁신을 유도할 수 있는 혁신 친화적인 규제를 모색해야 한다(양천수, 2021).

인공지능 혁신과 규제의 실제적 조화

인공지능이 지닌 사회적 유용성을 고려할 때 통제 중심의 시각으로만 인공지능에 접근하는 것은 바람직하지 않다. 인공지능은 현재 급속하게 발전하고 있다는 점, 인공지능은 새로운 경제 성장의 원천이 된다는 점 등을 고려할 때 한편으로 법과 같은 규제 체계는 인공지능이 원활하게 개발 및 발전할 수 있도록 지원해야 한다. 다른 한편으로 규제 체계는 인공지능의 기술적 · 기능적 성격에 적합한 규제 방식과 수단을 활용하여 인공지능이 지닌 위험을 적절하게 관리해야 한다. 그 점에서 규제 체계는 인공지능에 관해 인공지능 혁신 지원과 위험 관리 사이에서 '실제적 조화(praktische Konkordanz)'를 구현할 수 있도록 해야 한다(Hesse, 1999). 이때 실제적 조화는 '최적화(Optimierung)'로 표현할 수 있다(Alexy, 1985). 말하자면 인공지능 혁신으로 얻는 이익과 위험 관리로 얻는 이익을 최적화해야 한다는 것이다.

절차주의적 규제 우선

인공지능에는 강제력에 기반을 둔 타율 규제보다는 윤리와 같은 연성 규범을 활용하는 자율 규제를 우선적으로 적용할 필요가 있다. 그렇지만 윤리 등에 의지하는 자율 규제가 현실적으로 지닌 한계를 고려할 때 인공지능에 자율 규제만 적용하는 것은 문제가 있다. 오히려 자율 규제와 타율 규제를 혼합한 절차주의적 규제를 활용하는 것이 더 적절할 수 있다(Calliess, 1999). 인공지능 규제에 관한 근거는 법으로 정하면서도 이러한 규제를 어떻게 구체화해서 적용할 것인지는 인공지능 개발자나 사업자의 자율에 맡기는 것이다.

반성적 규제 우선

인공지능에는 반성적 규제를 우선시할 필요가 있다. 여기서 반성적 규제는 법 규범을 위반한 수범자가 이후 법 규범을 제대로 준수하도록 규제하는 것을 말한다(Teunber, 1982). 인공지능에 규제나 통제를 가하는 이유는 인공지능이 유발한 위법한 결과를 비난하는 데 있기보다는 인공지능이 더욱 정확하고 공정하게 작동하도록 하는 데 있을 것이다. 인공지능, 특히 알고리즘이 제대로 작동할 수 있도록 이에 규범적 규제를 가하는 것이다. 이러한 점을 고려하면 인공지능에는 전통적인 책임법적 규제처럼 위법한 결과를 야기한 행위자에 비난을 가하는 것을 중시하는 규제 방식은 적절하지 않다. 이보다 법적 규제를 가함으로써 인공지능 개발자나 사업자가 반성적으로 인공지능이 더욱 완전하고 공정하며 투명하게 작동하게끔 개선하도록 하는 것이 바람직하다.

이를테면 인공지능의 알고리즘이 편향적으로 작동하는 것을 발견했을 때 개발자나 사업자가 이를 개선할 수 있도록 법적 규제를 가하는 것이다. 인공지능에 관한 사전 영향 평가를 법으로 강제하거나 인공지능의 결정 대상이 되는 사람이 인공지능의 결정에 이의를 제기했을 때 이를 곧바로 수용하고 환류할 수 있도록 법으로 규제하는 방안도 예로 꼽을 수 있다. 이를 반영하듯 우리 「인공지능기본법」도 인공지능 영향 평가를 규정한다(제35조).

행위 중심적 규제 우선

법적 규제는 행위 중심적 규제와 결과 중심적 규제로 구별할 수 있다. 결과 중심적 규제는 전통적인 책임법적 규제 방식에 상응한다. 그러나 인공지능에 결과 중심적 규제 방식, 즉 책임법적 규제 방식을 우선적으로 적용하는 것은 바람직하지 않다. 이는 인공지능 개발자, 사업자 및 그 상대방 모두에게 바람직하지 않다. 결과 중심적 규제는 인공지능 개발자나 사업자를 비난하는 쪽으로 실행될 가능성이 높기 때문이다. 따라서 인공지능에는 행위 중심적 규제 방식을 우선적으로 적용할 필요가 있다. 우리 「인공지능기본법」이 규정하는 투명성 확보 의무를 행위 중심적 규제의 예로 언급할 수 있다(제31조).

사전적·현재적 규제 우선

인공지능에는 사전적 · 현재적 규제를 우선시할 필요가 있다. 시간성을 기준으로 규제 방식을 구별하면 사전적 규제, 현재적 규제 및 사후적 규제로 나눌 수 있다(양천수, 2021). 이때 사후적 규제는 책임법적 규제 및 결과 중심적 규제와 연결된다. 이러한 규제 방식은 인공지능을 규제하는 데 적절하지 않다는 점은 위에서 언급했다. 이를 반대로 추론하면 인공지능에는 사전적 규제나 현재적 규제를 우선시할 필요가 있다는 결론이 나온다. 말하자면 인공지능이 지닌 위험이 현실화되지 않도록 이에 예방적으로 접근할 필요가 있는 것이다.

사전적 규제의 예로 윤리와 같은 자율 규제 방식을 사전에 적용하거나 영향 평가 제도를 활용해 인공지능의 위험을 미리 적절하게 관리하도록 하는 방안을 꼽을 수 있다. 또한 현재적 규제의 예로 인공지능이 작동하는 방식을 투명하게 하는 방안을 들 수 있다. 인공지능의 작동에 대한 설명 및 이의에 관한 권리를 보장하는 것이 이러한 방안에 해당할 것이다. 우리 「인공지능기본법」도 적절하게 투명성 확보 의무와 영향 평가 제도를 규정한다(제31조, 제35조).

아키텍처 규제 우선

언어적 규범을 사용하는 규범적 규제보다 기술적 코드나 설계를 활용하는 아키텍처 규제를 우선하는 것도 인공지능 혁신을 유도하는 데 적절하다(손형섭 외, 2023). 인공지능을 설계 및 개발하는 단계부터 인공지능의 위험을 예방하고 관리하는 것에 도움이 되는 기술을 적용하면 인공지능 기술 혁신에도 도움이 되기 때문이다. 인공지능 설계를 통해 개인 정보 보호나 정보 보안을 구현하게 하거나 보행자 친화적인 자율주행 자동차를 설계 및 개발하게 하는 것 등을 예로 들 수 있다.

참고문헌

손형섭 외(2023). 『디지털 전환 시대의 법이론: 위험과 변화 그리고 대응』, 박영사.

양천수(2021). 지능정보기술의 위험과 법적 대응 방안: 알고리즘에 대한 대응을 중심으로 하여. ≪법학연구≫(충북대), 32(1), 351-384쪽.

Alexy, Robert(1985). *Theorie der Grundrechte*, Frankfurt am Main: Suhrkamp Verlag.

Calliess, Gralf-Peter(1999). *Prozedurales Recht*, Baden-Baden: Nomos Verlag.

Hesse, Konrad(1999). *Grundzüge des Verfassungsrechts der Bundesrepublik Deutschland*, Neudruck der 20. Auflage, Heidelberg: C.F. Müller Verlag.

Teubner, Gunther(1982). Reflexives Recht: Entwicklungsmodelle des Rechts in vergleichender Perspektive. *ARSP*, 68(1), pp. 13-59.

양천수

고려대학교 법과대학을 졸업하고 동 대학교 대학원에서 이상돈 교수의 지도로 법학 석사 학위를 받았다. 태광그룹 일주학술문화재단의 장학금을 받고 독일로 유학을 떠났다(11기). 독일 프랑크푸르트대학교 법과대학에서 사회철학자 하버마스의 제자 클라우스 귄터 교수의 지도로 법학 박사 학위를 받았다. 2006년 9월 1일부터 영남대학교 법학전문대학원에서 기초법 전임교수로 학생들을 가르친다. 인공지능 기술을 비롯한 현대 과학 기술이 우리 사회와 법에 어떤 영향을 미치는지, 이에 사회와 법이 어떻게 대응하는지에 관심이 많다. 저서로는 『빅데이터와 인권』(2016), 『법과 진화론』(2016)(공저), 『제4차 산업혁명과 법』(2017), 『인공지능과 법』(2019)(공저), 『디지털 트랜스포메이션과 정보보호』(2019)(공저), 『공학법제』(2020)(공저), 『인공지능과 포스트휴머니즘』(2020)(공저), 『인공지능 혁명과 법』(2021), 『코로나 시대의 법과 철학』(2021)(공저), 『데이터와 법』(2021, 2023)(공저), 『디지털 전환 시대의 법이론』(2023)(공저), 『인공지능법』(2024)(공저), 『생성형 AI와 법』(2024)(공저), 『인공지능법학』(2025)이 있다.